自律的女人，幸福迷人地位稳

让女人更容易过上想要的生活的8堂自律课

乔子青 著

沈阳出版发行集团
沈阳出版社

图书在版编目（CIP）数据

自律的女人，幸福迷人地位稳 / 乔子青著 . —沈阳：沈阳出版社，2017.7

ISBN 978-7-5441-8530-1

Ⅰ . ①自… Ⅱ . ①乔… Ⅲ . ①自律—女性读物 Ⅳ . ① C933.41-49

中国版本图书馆 CIP 数据核字（2017）第 146998 号

出版发行	：沈阳出版发行集团 丨 沈阳出版社
	（地址：沈阳市沈河区南翰林路 10 号　邮编：110011）
网　　　址	：http://www.sycbs.com
印　　　刷	：北京中印联印务有限公司
幅面尺寸	：170mm×240mm
印　　张	：16
字　　数	：208 千字
出版时间	：2017 年 8 月第 1 版
印刷时间	：2017 年 8 月第 1 次印刷
选题策划	：郑　为
责任编辑	：王冬梅
装帧设计	：仙　境
责任校对	：阮晓琼
责任监印	：杨　旭

书　　号：ISBN 978-7-5441-8530-1
定　　价：39.80 元

联系电话：024-24112447
E-mail：sy24112447@163.com

本书若有印装质量问题，影响阅读，请与出版社联系调换。

[前言 Preface]

人生最美好的事情，就是能够按照自己的意愿做自己想做的事，用自己的方式过自己想过的生活，这也是活得漂亮的女人该有的样子。

每个女人在骨子里都是渴望自由的，但所谓自由，不是随心所欲，而是自我主宰，这是一种必要的自律。这里，自律代表了一个人内心的秩序和对生活井然有序的遵从，它由强大的意志力和坚持力做基础，这也意味着，我们要有意识地控制自己，有原则地对待事物，有目的地去做事情。

台湾著名主持人蔡康永说："15岁觉得学游泳难，放弃学游泳，到了18岁遇到一个你喜欢的人约你去游泳，你只好说'我不会耶'。18岁觉得学英文很难，放弃学英文，28岁出现了一个很棒但要会英文的工作，你只好说'我不会耶'。"人生前期越嫌麻烦，越懒得学，后期就越可能错过让你心动的人和事，错过风景。人生前半段所有自律的苦，都是为了让你后半段可以自由地选择。

管好自己的言行，控制自己的情绪，不失控，不失态，方能铸就人性的优雅；该健身的时候就健身，该睡觉的时候就睡觉，该奋斗的时候就奋斗，有条不紊地前行，不动声色地惊艳；什么人，什么事，什么苦，什么恨都可以自我消解。把尘世的过往，镶满云淡风轻；把满怀的惆怅，挥手羽化成蝶，靠自己护得现世安稳……瞧，自律所带给女人的自由，恰恰就

自律的女人，
幸福迷人地位稳

是掌控自己生活的能力。

谁都不希望身在庸庸无为的生活状态里，我们知道，那样的人生不是我们想要的。而通过一定的自律，我们可以去发现那些原来不知道却确确实实适合我们的一种生活状态。这就像爬山，要想知道山的那头有什么，山顶的美景是什么样子，不需要别人来告诉我们，而是自己承受登山的劳累，感受山顶的美景。

越自律，越自由。自律不是一件需要花很长时间准备，下很大决心的事，它就是一件可以随时随地开始的小事，从此时做起，从此地做起。就是给自己设定一个思想行为框框，不断地、一个一个划钩。人的一生，若一直能够在正确的路上做计划，即使花的时间多一点，付出的心血多一点，只要能做好，达到该有的效果，你就是在快速前进。

一个女人若能以自律之法自我要求，待经过时间的考验，人性的试探，还有外界的诱惑，必将朝着更好的方向前进。那么在人生的道路上，你一定会遇见自我的桃花源，遇见意志的理想国，像一件艺术品般散发出迷人的光芒，令人沉醉其中。

愿你多多努力，永不停息，精彩无限。

[目录 Contents]

Chapter 1
谁都不是天生就美的，美了还要更完美

你美吗？就在初见的一瞬间 _003

一眼倾城的妆容才算得上完美 _007

春风微笑法则：对着镜子练习一千次才完美 _011

只要穿对了衣服，你就是女神 _016

一半高雅一半性感，一半美丽一半神秘 _020

要么瘦！要么难受！_023

你那迷人的声音，是那最美的风景 _026

由内而外，"悦"读越美丽 _030

没有倾国倾城的貌，但有超凡脱俗的美 _033

Chapter 2
能控制情绪的女人，比拿下一座城池的将军更伟大

烦恼无数，想开就是晴天 _039

大度点，不为小事抓狂 _042

那一场不动声色的优雅 _046

不惊慌，不失措，淡定的女人最从容 _049

保持不愠不火，容下所有是非 _052

嫉妒别人没用的，提升自己是正道 _055

你的汤是冷的，请加热 _058

一个人最难得的是平常心 _061

I

Chapter 3
你必须十分努力，才能看起来毫不费力

我们的每一滴汗水，都是对命运的抗拒 _067

你尽全力了，才有资格说自己运气不好 _071

南瓜是用电锯锯开的 _074

在该奋斗的年纪，不要过早选择安逸 _078

有些事，没有想象中那么难 _082

喜欢的就要拥有，不要害怕辛苦 _085

你是谁不重要，重要的是，你和谁在一起 _088

在竞争中永远进取，永不停息 _092

人生要么是一次冒险，要么什么都不是 _095

Chapter 4
我们走过的泥泞，总有一天会变成一条美丽的路

什么苦难都挡不住一颗上进心 _101

上了路，就不能半途而废 _104

即使是流泪，也应该面带微笑 _107

遇到下雪天，那就赏雪景 _110

谢谢我没有放弃，不至于辜负自己 _114

烂牌也要拼，打好手中的坏牌 _117

沉浮中，那一脉脉幽香 _120

目 录

Chapter 5
修行非一朝一夕之功，而是时刻如是

女人可以不漂亮，但一定要善良 _125
"言多"一定会"必失" _128
再复杂的世界，也要保持一份简单 _132
你可知，成熟的稻子总弯腰 _135
海纳百川，靠一颗宽容的心 _139
人世间最幸福的，是此刻正拥有的 _142
你越是低调，越能征服人心 _146
赞美如花浸润我们的心田 _149

Chapter 6
在一朵花开的时间里，请用心聆听

活在当下，不浪费每分每秒 _155
世界很大，幸福很小 _159
亲，你管好自己的时间了吗？ _163
重视细节才是演技的最大考验 _166
不求轰轰烈烈，只愿从从容容 _169
你的未来在哪里？在当下的每一步 _173
安安静静等待幸福的绽放 _176
专注做点事，至少对得起光阴 _179

把命运交给自己，而不是别人 _185
把自己照顾得好好的，就会一直吸引好的人 _188
像树一样站立，别让你的爱跪着 _191
没有钱，拿什么谈梦想？_195
人生就是一场自我的救赎 _198
不想让人小看，你就必须奋斗而挺立 _202
从现在开始，制订一个理财计划 _205
让"幸运女神"眷顾的奥秘 _209

Chapter 7
**谁也不是谁的谁，
做自己的英雄，
且美且独立**

Chapter 8
**最美好的心情，
不过拿得起放得下，
那个释然的瞬间**

不完美是客观存在，不必怨天尤人 _215
松开了拳头，也就拥有了整个世界 _219
请相信，遗憾也是一种完美 _222
放下一枝玫瑰，身后或许是一片花海 _226
没有放下，哪有新生；没有舍弃，哪有得到 _229
和过去说再见，生活会回赠你一个新开始 _232
糊涂做得好，胜过百倍聪明 _236
人生路还长，你得学会原谅自己 _240
别让自己的心坐牢，比什么都重要 _244

Chapter 1

谁都不是天生就美的，
美了还要更完美

美丽是女人的"姿本",更是女人的资本。第一印象是否深刻,决定着你在人际交往中是否吃得开。如何惊艳登场,其实很简单,做一个自律的女人,衣着得体,妆容适宜,仪态自然不造作。没有"天生丽质"没关系,毕竟自信的自己更美丽。

谁都不是天生就美的，
美了还要更完美

你美吗？就在初见的一瞬间

> 初次见面时对方的仪表、风度所给我们的第一印象往往形成日后交往时的依据。
>
> ——《社会心理学》

初见的一瞬间，一个女子的美丽与否就已决定。

这一点不用怀疑，俗话说"三分靠长相，七分靠打扮"，对于一个女子来说，不管你高矮胖瘦，只要打扮得体，外表形象美好，那么初见时就会给人留下一个良好的印象；而一个女子若穿得不修边幅，哪怕你花容月貌或沉鱼落雁，也离美始终差一步，而且也很难得到别人的尊重与欣赏。

英国一位研究行为主义心理学的女士曾做过一个实验：她先是衣衫朴素、不修边幅地闲游过人群聚集的商场、地铁站等地方，然后再衣着光鲜、打扮得体地重新走过这些地方。同时，这位女士让她的助手躲在人群中悄悄调查人们对她的看法。结果是，同样是这位女士，前后得到的结论却大相径庭。前者是"让人不喜欢""不愿意靠近"，而后者则是"很高雅""很有气场"。

你的形象价值百万，不信看看下面这个故事吧！

露丝是一个非常美丽优雅的英国姑娘，一个偶然的机会，她参加了由曼彻斯特贵族们举办的豪华宴会。在此次宴会上，露丝赚足了眼球。她得体的打扮，优雅的举止，迷人的言谈，不但令在场的所有男士对她倾心，就连女士也都对

自律的女人，
幸福迷人地位稳

她抱着极大的兴趣和好感。人们私下里纷纷相互打听，都想认识她，并和她成为朋友。

在这次宴会上，作为房地产新秀的露丝收获颇丰，她征服了这个城市的上流社会，签下了共计数百万英镑的房地产生意，还找到了她的终身伴侣——一个名叫格鲁的男子，他有着俊朗的面孔，清澈的眼睛，充满磁性的声音……

对于露丝，格鲁给出了这样的评价："她看起来总是落落大方，行为得体，高贵适宜，淡定自若。从我见到她的第一眼就被她迷住了，我相信很多人都会被她迷住……我并不是一个以貌取人的男人，但是不可否认的是，我被露丝如此美好的形象所吸引，而这其中确实散发着一种令我情不自禁的魅力……"

因为美好的形象，露丝收获了事业的硕果；因为美好的形象，露丝也收获了爱情的青睐。

美丽，就是这么不讲"道理"。无论在什么场合，别人往往习惯于从我们的形象出发，判断我们的性格、品位、素养和精神面貌等。在两个陌生人之间，个人印象的形成是非常短暂的，往往取决于见面的前7秒，这就是"第一印象"的重要性。由此说来，我们还有什么理由不在乎自己的形象呢？

所以，不管你是高是矮，是胖是瘦，若想在初见的第一眼就给别人留下深刻而良好的印象，你首先就要在形象上自律，时刻管理好自身形象，让自己美丽得体起来，通过得体的外在形象，突显自己的优点，让别人初见你的一瞬间就被吸引。

生活中有一些女人经常抱怨，为什么心仪的男人总是不能接受自己？为什么客户总是对自己不耐烦或冷言相拒？为什么自己学问高，知识渊博，人缘好，却输给了一位除了衣着光鲜之外，一无是处的对手呢？……别抱怨了，你有没有想过这一切的"凶手"，很多时候都是因为你的外在形象不过关。这是不是也印证了"世界上没有丑女人，只有懒女人"这句至理名言呢？

谁都不是天生就美的，美了还要更完美

对于艾斯蒂·劳达这个名字，或许很多女性并不陌生，知道她拥有一个美容王国。可是你知道吗，一开始，艾斯蒂是一个没有资金、没有营销资历、没有任何护肤和美容方面的技术特长，也没有经商经验的女人。这一切，只因为她是"形象"的主人，她精心地打造自己和产品的形象，以优雅的姿态、完满的谎言使两者变为现实。

追溯艾斯蒂的出身，也是一个极其普通的家庭。有一次，当她的叔叔约翰·斯考兹向她展示了神奇的润肤霜之后，她便将推广化妆品作为自己的事业经营起来。艾斯蒂会抓住一切机会热情地向别人推销面霜，遗憾的是效果甚微，人们都不愿意掏钱购买她的产品。特别是她认为的那些社会上流人物，对那些化妆品看都不看。就这样，艾斯蒂一次又一次地被人们拒绝。在不知道第多少次被拒绝之后，她忍不住问对方："是我的东西有什么问题吗？你为什么不买我的产品？"对方回答："不是你的产品有问题，而是你的形象，你给我的感觉就是一个'低档次'的人，这怎么能让我相信你卖的是高档的产品？"听了对方这句话，艾斯蒂猛然意识到，原来是自己的形象造成的问题，衣着体面的人拒绝自己，是因为自己低档次的形象。也就是说，要想推广自己的化妆品，进入上流社会，就必须改变自己的形象，让自己看起来是一个拥有贵族血统的名门闺秀。

从此之后，艾斯蒂开始创造机会和那些商界大亨或者巨富交往，不断提升自己的气质、品位，小心翼翼地维护着脑子里面的那个艾斯蒂形象——那个就是真正的艾斯蒂，她要求自己的行为举止一定要像有着贵族血统的名门一样优雅，荡涤那个普通女孩子的一切痕迹。最终，艾斯蒂成功了，她不仅改变了自己的形象，也成功地塑出产品和公司形象，让它们成为吸引"上等顾客"市场的口碑。因为形象的改变，艾斯蒂从一个平民女孩变身为贵妇的代言，她吸引了更多的目标顾客，赢得了红火的生意。

自律的女人，幸福迷人地位稳

同样一个人，两种截然相反的形象，得到了客户完全不同的对待。毫不夸张地说，艾斯蒂·劳达的成功源于个人形象的转变。瞧，我们人类就是天生的视觉动物，即便书的内容一样，我们还是会根据自己的喜好选择不一样的封面包装。明知道颜值不能代表什么，但依然会不自觉地把很多好品质与之联系。

当然，让女性朋友自觉地管理个人形象，我们的目的并不是鼓励大家都要做"花瓶"，而是要从外到内地去影响自己。当你外在形象美好时，你不仅会获得他人的关注、尊重、仰慕等，而且会更加认可自我的价值，如此你做什么都会信心百倍，美好的事与物也会因此来到你身边。怎么算都不是亏本的"买卖"，何乐不为？

一眼倾城的妆容才算得上完美

> 外貌是一个人内心的表露。其形呆若木鸡的人,其神一定是愚笨的。
>
> ——本·迪斯累里

"你难以靠近,难以不再想念,我难以抗拒你容颜。"

什么样的容颜最让人难以抗拒?萝卜白菜各有所爱,有人爱浓妆艳抹,有人爱素面朝天。天下的女人都挖空心思,想拥有一张令人难以抗拒的脸,但清水美人不多,往往需要天赐的运气,多数女人都需要依靠妆容来装扮自己。

在美国电影《本能》中,女主人公是由好莱坞女星莎朗·斯通扮演的。在这部影片中,莎朗·斯通塑造了一位性感迷人的畅销小说家,每一次出场都是靓丽的妆容,女主人公的一举一动赚足了男性观众的眼球,让很多男人着迷不已。也正是通过这部影片,莎朗·斯通成了具有全球影响力的性感女星,成了许多男人的梦中情人。

但让所有人都大跌眼镜的是,生活中的莎朗·斯通却不喜欢化妆。要知道,不化妆和化妆后的脸之间是有着分明"界限"的。记得在一次采访中,莎朗·斯通坦言自己从头至脚都是皱纹。这也难怪有的媒体记者表示,当看到她那张没有精致妆容、没有经过电脑修片、犹如老婆婆一般的脸,着实被吓一跳。

形容一个女人美丽时,我们常会用天生丽质。可是,要想成为一个夺人眼

自律的女人，
幸福迷人地位稳

球的美女，除了天生的美之外，除了穿衣打扮外，我们还要时刻注意自己的妆容，适当地使用化妆品可以使我们的精气神处于一个较好的状态。否则，即使再天生丽质，也会因岁月的侵蚀而黯然失色，让美丽大打折扣。

父母遗传给我们的，只能伴随我们到成年之前，成年后，是美是丑可都要看你自己了。事实上，对于成年之后的女性来讲，美丽已经和天生丽质关系不大了，更多的还要讲究一个精神面貌以及内在修养。好的妆容是女人用智慧和修养精雕细刻出来的：那份与身体的和谐，那份洋溢于周身的风采和神韵，那份内心世界精彩的描述和渴求……

不化妆就不出门，这是安安一贯坚持的理念，每次出门，哪怕只是到楼下超市去买块儿巧克力，她也一定会给自己化上一个小妆。"化妆有什么不好呢？路人们欣赏的目光会让我开心一整天，"面对别人的质疑，安安严肃地说，"那些男的口口声声说喜欢素颜，实际上有化妆的美女经过身边还是会目不转睛地看。化妆是老天爷给女人的权利，作为女人当然要好好打扮，跟好坏没有关系。"

自然的粗眉、紫色系的眼妆、淡淡的粉色腮红、裸色的双唇……出现在众人眼前时，安安总是很惊艳，不让人沉醉都不行，超赞的气质获得朋友、同事、客户的一致肯定，结果她不仅吸引了诸多优秀男士的注意力，还轻轻松松获得了好职位、升迁、加薪。对此，安安说："这个世界上没有丑女人，只有懒女人。懒人是很难感受到这个世界的美好的，我不光感受美好，还创造美好！"

妆容不仅可以使天性爱美的女人更加靓丽，留给他人一种美好的印象，得到更多的成功机会，同样可以显示出自己一种健康积极的心态，增加自己的快乐和自信，获得心理满足。而且，对于女性来说，化妆本来就是热爱生活的一种表现，很难想象一个对生活失去热情的女人会精心打扮自己！

一眼倾城的妆容虽令人完美，但这并不是一件容易的事，毕竟那么多的化妆品，那么多的化妆工具，那么多的化妆色彩搭配，仅仅知道一些化妆方法是远远不够的，你得花一些时间练习常规的化妆技巧，才能够应用自如。

一般来说，我们需要注意以下几点。

妆容要画得恰到好处

妆容最基本的要求就是恰到好处，简单理解便是——适合自己。不管化妆水平怎样，要以自然为主，你要像自己，而不是别人。这样给人的感觉才会舒服，越是真实自然的脸，越富有吸引力。

尽力做到精致一点

由于基本上缺乏精细的观念和习惯，大多数女性的妆面不够精致，修饰常有粗糙的痕迹，如口红边沿模糊、粉底浮乱、不修眉毛，等等，这些都会影响一个人的美感。为此，我们一定要尽力做到精致一点。精致需要长时间培养和打磨，它是女人品质最突出的一种表现。一旦你学会精致地画好口红，画出一条流畅清晰的唇线轮廓，打粉底打到最均匀，最自然，你的品质和品位就会随之提升。

和谐是化妆的极致境界

和谐是化妆的极致境界，和谐有三个层面的含义：

一是妆容要和谐。妆容和谐就是整体上的妆容要协调，包括风格、色彩等。比如，有柔美的眉形，就要用柔美的唇形相配合；冷色调的眼影，就要用冷色系的口红相配合。女人的面部是五官分布集中，视觉反应很强烈的话，会影响整个妆面的效果，进而影响个人美感，所以妆容的和谐至关重要。

二是妆容和整体形象要协调。这主要包括发型、服饰、配饰等，都要和妆容协调统一。

三是与外环境的和谐，也就是说，到什么场合化什么妆，什么年龄、身份化什么妆。

一个美丽的女人是离不开好的妆容的，甚至可以说，一个完美的女人是"妆"出来的。

还等什么？摒弃"天生丽质"的天真想法，快让自己尽情美起来吧！

春风微笑法则：对着镜子练习一千次才完美

> 使这个世界灿烂的不是阳光，而是女生的微笑。
>
> ——俞敏洪

美国名模辛迪·克劳馥说："女人出门如果忘了化妆，最好的补救方法就是亮出她的微笑。"女人的微笑如有魔力，即使平凡的五官，黯淡的容颜，也能让她因为一个春风般的微笑，在一瞬间鲜活明亮起来，给人留下深刻的印象，进而赢取到幸福人生，正如一句话所说——爱笑的女人最好命。

不相信吗？那么你不妨看看，在我们身边那些最受人们欢迎的，能够在生活和工作中游刃有余的女性，是不是常常微笑？当然！因为笑容之于女人，就如同春天的微风与冬日的暖阳，总会使人格外舒心。任何人都不会去讨厌一个用甜美微笑面对自己的人，这或许正是女性朋友们最宝贵的无形资产了。

一个面含春风的女子，比起那些"艳若桃李冷若冰霜"的美人更让人觉得可爱。这是因为，女人的表情所展现出来的东西，往往被人们看作是其内心所拥有的想法和感受。简单来说，就是一个女人表情甜美，那么人们就容易觉得她内心圣洁，可爱美丽；相反，一个表情冷酷的女性，人们就容易把她看作是心情不好，情绪不佳的人。问问自己，你更愿意接近哪一类女性呢？

想必很多人都会选择前者吧，如此说来，女人的微笑，实际上具备一种很强的吸引力。对于年轻的女性来说，既没有丰富的阅历，又没有坚实的背景，很多东西只能靠自己在不断成长中积累起来。如果没有吸引力，别人不愿意接近自己，这样的女性又怎么能获得机会，获得成功呢？因此女人只有常常微笑，才会吸引越来越多的人，才更容易具备成功的机会。

在1977年的时候，联合航空公司曾创下了一个世界纪录，那就是载运了有史以来数量最多的旅客，总人数达到35565781人。联合航空公司对此向世人宣称："我们的天空是一个友善的天空，是一个充满笑容的天空。"的确如此，他们的笑容不仅仅在天上，在地面也是如此，其中有一件事情很能说明。

有一段时间，联合航空公司决定招聘客户服务小姐，有一位叫珍妮的小姐前来应聘，她被聘用了，大家知道原因是什么吗？其实很简单，就是因为她总是洋溢着欢乐的笑容。更让人意想不到的是，在面试的过程中，主考官讲话时总是有意背对着珍妮。但这并不是主考官不尊重珍妮，而是他在感知珍妮洋溢的微笑。毕竟客服工作的主要内容是接打电话，声音语调的亲和度很重要，而充满微笑的面部表情能够增加声音的亲和度。

那位主考官通过背对珍妮，深刻地体会到了她的笑容，于是，他微笑着对珍妮说："小姐，你被我们公司录取了，你的最大优势就是你洋溢在脸上的微笑，希望在日后的工作中，你能好好运用这一优势，让每一位顾客都能从电话中感知到你洋溢着笑容的脸。"

看，微笑具有多么巨大的威力！

喜剧大师斯提德曾这样说过："微笑，它不花费什么成本，但却创造了许多的价值。微笑使接受它的人变得富裕，而又不使给予的人变得贫瘠。微笑产生在一刹那，却给人留下永恒的记忆。"可以说，不管对谁而言，女人的微笑都是美丽的，就像盛开的玫瑰，让人舒畅，让人喜爱。

迷人的微笑并不都是天生就有的，也可以通过后天的练习来获得。

不要小看"练习"这个步骤，很多女性认为笑不用练习，眉一展，嘴一撇，不出声，不就是微笑吗？这样想就大错特错了。不信，对着镜子观察一下你的笑脸，你会发现很多地方不尽如人意，比如笑的时候肌肉僵硬，看起来很假；有一种皮笑肉不笑的感觉，看起来不自然，这些恰恰说明你的微笑不到位。

具体怎么做呢？找一个你认为笑起来很美的女人，随便她是女星、模特、名人，还是邻居家的×太太，但一定得是让你有"她笑起来太好看了"感觉的女人。然后一遍遍地观察她的笑容，对着镜子跟着练习，还要录下自己的微笑，以便揣摩。微笑一定要练到自然为止，让别人感到舒服。

女人的微笑不是固定的，程式化的，每个女人的微笑都有各自的特点，有些人笑的时候美目流盼，转一下眼睛，显得灵动；有的会露出小小的虎牙，憨厚可爱；有的会轻轻歪一下头，羞涩动人；有的笑容稍纵即逝，让人留恋……所以，只要找到微笑中最打动人的"那一点"，你的微笑一定能让人过目不忘。

如果发现自己怎么笑都笑不出人家的味道，很显然，你找错人了，这个人的气质和你截然不同，模仿她也没用。赶快找下一个，找一个和你年龄气质相仿，笑起来又很美的女人，然后就是不厌其烦地练习，要想达到自然的效果，那就对着镜子练习一千遍，让身体记住这个动作，让大脑记住这种感觉。

现在你已经"会"微笑了，接下来需要做的就是巩固自己的微笑形象。每天出门前，化妆后，继续对着镜子笑几下，多和自己说"今天我很开心""我的微笑很迷人"之类的话，想象一些比较开心的事情等。你是不是觉得心情变得更好，精力变得更充沛，而且再也没有从前那种"傻"感和"假"感了？因为微笑的感觉已经渗入了你的细胞，甚至对你的心态都产生了影响。

你以为那些微笑起来很美的女人，真的见了每个人都会喜悦无比吗？她们哪有这么丰富的感情！她们和你一样也有一天忙到晚的工作和应付不完的琐事。她们之所以能笑得如此亲切，如此不勉强，一来是因为她们对人的友好，身上有亲和的气质；二来是她们曾下苦功练习微笑。

自律的女人，
幸福迷人地位稳

凯米尔一直在一家电视台做主持人，她的主持风格深受观众们的喜爱。但因为电视台节目调整，她所主持的栏目被取消了，这让四十多岁的凯米尔不得不告别电视界另谋出路。在找新工作的过程中，凯米尔来到一家保险公司，应聘销售员职位。凯米尔心想，凭自己的名气一定没有什么问题。然而结果却出乎意料，人事部经理拒绝凯米尔道："作为一名保险公司的推销员，必须拥有迷人的微笑，这是最基本的工作素质，但是您没有。所以，很抱歉，我们无法录用您。"

听了面试官的话，凯米尔认真反省了自己的状态，确实不爱微笑。但凯米尔并没有气馁，而是下定决心像当年初涉电视界那样从头开始，苦练微笑。她无时无刻不在笑，开始家人和邻居还误以为她因失业而神经错乱了。为了避免误解，凯米尔只好把自己关在厕所里练习。

经过一个月的练习，凯米尔跑去找保险公司的人事经理，当场展开笑脸，可得到的却是冷冰冰的一句："很抱歉，还是不行！"

再一次遭到拒绝，凯米尔并未泄气，回家依旧埋头苦练，她搜集了许多公众人物的微笑照片，贴满整个房间，以便随时观摩。过了一段时间，凯米尔又跑去见人事经理，然而得到的答案和上次一样："好一点了，但还是不够吸引人。"

生性好强的凯米尔哪里肯就此罢休，她回到家里后继续苦练。有一次，凯米尔在路上碰到一个熟人，她非常自然地笑着和对方打招呼，对方惊讶地对她说道："凯米尔女士，有一段时间没见您了，您变化真大，看起来和过去判若两人。"

听到这句话后，凯米尔信心大增，她立刻又跑去见人事经理，笑得很开心。"您的微笑有点味道了，但还不是真正发自内心的那种笑。"经理指出。

凯米尔不死心，又回家苦练了一段时间，最终如愿以偿，被保险公司聘用。

此后，凯米尔凭借自己"迷人的发自内心的微笑"吸引了许多客户，成为当地销售保险的高手，年收入突破百万。

曾经有位智者说过这样一句话："你的脸是为了呈现上帝赐给人类最贵重的礼物——微笑，一定要让它成为你生活中最大的资产。"看得出，凯米尔便是这句话的忠实践行者，她之所以能够成功，就是因为练就了令客户无法抗拒的微笑，拉近了与他人之间的距离，赢得了他人的信任。

所以，如果你想做幸福迷人地位稳的女人，那就必须时常练习你的微笑。请记住这句话：当你拥有了迷人的微笑，你就同样拥有了迷人的魅力。

自律的女人，
幸福迷人地位稳

只要穿对了衣服，你就是女神

> 漂亮的衣服为你叩开所有的大门。
>
> ——托富勒

"云想衣裳花想容"，比起款式单调的男装，女人的服装则亮丽丰富得多。也正因如此，在茫茫衣海中，很多女人都会出现一种迷失、彷徨之感，不仅挑来挑去挑花了眼，还老是觉得别人买的衣服比自己的好看，"衣柜里永远都缺一件衣服"更成了女人们出门前常常拿来自嘲的一句话。

但我们要切记一点，衣服可以乱买，绝对不能乱穿。

例如，有些女人明明是大骨架的妹子，却偏偏爱上了一字肩T恤、露背小礼服等，结果穿出来的效果就是一个行走的倒三角；有些女人身材过于丰满，还有小肚腩，却非要穿紧身衣服，结果露出"大号救生圈"；有些女人喜欢挑战扰乱眼的繁复图案，如果再加上奇葩的配色，好吧，这真是从阳光下走出一个调色盘。

所以，女人如何选择衣服，要有相对严格的要求。最基本的就是搭配，颜色和款式要给人一种和谐之美。这样，在别人眼里，你才会是大方得体，有品位的人。一套适宜的衣服，能让平凡的女子神采飞扬，让聪明的女子活色生香，让浪漫的女子热情奔放！

如何实现和谐之美呢？首先需要认识自己，有意识地建立适合自己的着装风格。我们常说的"文艺范儿""淑女范儿""森女范儿""欧美范儿",无疑都是由服装的选择、色彩、搭配不同以及服装气韵、款型、质地和着装者的文化素养、精神面貌等多种因素融为一体,表现出来的一种着装意境。

林徽因长得漂亮无须赘言,而拥有天生美好的她并不满足于此,她还善于为自己的漂亮加分,在衣着打扮上总是细致入微。据说,梁思成和林徽因在宾大谈恋爱时,梁思成每去女生宿舍约会,总是心情急切;爱打扮的林徽因将自己收拾得极为妥帖,一身纯色西服配咖啡色高跟鞋,摩登、朴素又漂亮,引得本校的女大学生们纷纷效仿。

1928年3月,梁思成和林徽因在加拿大渥太华、梁思成的姐姐家里举行了婚礼。林徽因不愿穿西式婚纱,但当时的加拿大根本买不到中式的婚服,她就自己精心设计了一套,长长的裙摆曳地,领口和袖口都绣有中国古典盘花纹样,特别是婚服的头饰,洁白的绢纱配着秀气的冠冕一样的帽子,帽子中间的红璎珞美得摄人心魄。林徽因穿着这件别致的婚服,在美妙的婚礼进行曲中走向梁思成,她是那么的美,不仅梁思成,就连参加婚礼的宾友们都情不自禁被倾倒了。

婚后林徽因常常在晚上写诗,还经常要穿一袭白绸睡袍,一根细腰带勒紧细腰,显出了身段的窈窕,给人一种清雅不失华贵的感觉,她曾风情地对梁思成感慨:"看到我这样子,任何男人都会晕倒吧。"梁思成却逗道:"我就没有晕倒。"其实梁思成何尝不欣赏林徽因的美丽,他喜欢昆曲里的那句唱词:"为你如花美眷,似水流年……"

衣服,已不单单是女子的修饰了,它承载着女子的品位,张扬着女子的个性,展示着女子的地位。林徽因懂得用衣服打扮自己,在穿衣上严格要求,通过合宜的外在形象,突显了自己的优点,让别人一眼就注意到她。所以,林徽因虽不是倾国倾城的美人,却比倾国倾城的美人更具魅力。

自律的女人，
幸福迷人地位稳

一个女子可以没有非常漂亮的容颜，但一定不能没有彰显自己品位的衣着。得体相宜的着装，能充分展现女子的柔情与娇美，令他人获得一种如沐春风的愉悦感，从心底自然流动出一种敬仰与倾慕。所以，聪明的女子不仅要选择漂亮衣服，还要学会如何搭配衣服，把自己衬托得更漂亮、更优雅。

有一种说法是，女子穿衣共有三种境界：一是只见衣服美，不见佳人靓。这类女子让衣服喧宾夺主，仅仅是衣服看起来很美；二是衣美人美，大多女子能达此境界，可都美显不出谁是"主"来；三是感觉人美不知穿新衣，即人和衣服实现和谐统一，这是最难达到的境界，也正是韵味之所在。

衣服搭配真有这么玄妙吗？我们来看看撒切尔夫人的故事。

身为英国的首相，撒切尔夫人对别人的衣着毫不介意，唯独对自己的衣着要求十分苛刻，她永远不会盲目地追赶潮流，更不会追随别人的脚步，而是只选择适合自己的服装，因为她知道这样会让自己看起来更有魅力。每个星期五下午去参加政治活动时，她都会戴上一顶老式小帽，蓬松的发式、大领片、厚垫肩的西装外套，脚蹬老式皮鞋，腋下夹着一只手提包。尽管有人笑话这种打扮过于深沉老气，但撒切尔夫人却有自己独到的见解：这样的打扮整洁、朴素，显得持重老练，能在政治活动中取得别人的信任，建立起威信。的确，这就是撒切尔夫人所塑造的硬邦邦的"铁娘子"形象。

尽管撒切尔夫人已经退下权力舞台，属于她的政权时代早已远去，但是"撒切尔夫人的风格"并未随之消散，她依然保留着自己的着装风格，坚持衣着应该是整洁和干练的、稳重而成熟的。在1987年的皇家行军旗敬礼分列式上，众人为撒切尔夫人的精神面貌所震撼，有人对撒切尔夫人的丈夫丹尼斯说："今天首相的气度看起来是如此难以置信。"丹尼斯爵士回答："35年来她都是如此。"

身为政治领导人，撒切尔夫人知道自己必须是稳重而成熟的，衣着也应该是整洁和干练的。她知道如何搭配衣服可以与本身的气质相符，更与自己的职业形象相符，如此就穿出了自我的风格，给人深刻而良好的印象。即便她退位了，年老体衰了，也能够用完美的形象继续征服众人。

美丽其实就是这样简单，在着装时，重视与自己的身材、年龄、气质、个性、职业、性格的协调与搭配，并且在服装饰物的选择和搭配中注重完美与和谐，哪怕是小小的细节，如一枚胸针、一条丝巾、一副手套、一双皮鞋、一个挂包，都不会轻易放过，细细品味，直到做得恰到好处，这样的女子就是美丽的。

"云想衣裳花想容"，女子的美离不开衣服的美。每天用宜人的打扮装点一天的美丽，用一件得体的衣服呵护一天的心情。让自信与美丽同行，让个性与品位同在，在一生中穿出典雅与高贵，穿出风情与浪漫，穿出简约与华丽。这样的女子也许是平凡无奇的，然而却如花一般迷人。

自律的女人，
幸福迷人地位稳

一半高雅一半性感，一半美丽一半神秘

> 秘密是武器，也是朋友。人是上帝的秘密，力量是男人的秘密，性感是女人的秘密。
>
> ——詹·斯蒂芬斯

有些女人第一眼看上去很性感，但真正的尤物，你看到第十二眼，依然觉得她性感。

这样的性感，难道你不想拥有吗？

说到这里，有很多女人都会将性感和裸露联系在一起，但其实性感并不一定就是裸露。

曾有相关专家对女人身体的裸露进行了一项研究，在研究中他们发现，女性每条胳膊的表面积占全身的10%，每条腿占全身的15%，其他部分占50%。通过研究发现，暴露身体部位40%的女性吸引男性的数量显然要比那些把自己包裹得严严实实的女性多，初步计算是多出两倍。

然而，那些裸露部分超过40%的女性是最具有吸引力的女性吗？不，事情的结果远没有这么简单。深入的研究结果发现，习惯裸露身体20%～30%的女性，更容易让男人对她们死心塌地。由此可见，裸露是一种性感，但性感并不等同于裸露，女人裸露过多并不见得是具有吸引力的。

生活中的着装不露点才是真性感，把性感穿出高级才是重点。

> 谁都不是天生就美的，
> 美了还要更完美

新人小颜第一次参加所在报社的年会，她偷偷拉了一位师姐讨论年会穿什么样的礼服。别看小颜平日清水挂面，但在年会上，她可不想还被人当成扎马尾辫的小记者，而是想穿出成熟的女人味，吸引更多人的注意。小颜请这位师姐给自己建议，最后师姐给她推荐了一件看起来平凡无奇的黑裙子，小颜本来觉得这不是好的选择，但师姐却说背后藏有"小心机"。

当天晚上的宴会厅，本就美丽的同事们铆足劲争奇斗艳，小颜第一次参加这种宴会，她有些紧张，但当她穿过大厅，步履轻盈地走向酒水台时，所有人都看见了她，至少盯着看了五秒钟，因为那是一件露背的黑色小礼服。小颜的身材修长，背部的线条很漂亮，洁白细腻的皮肤，恰到好处的蝴蝶骨，加上紧翘的腰线，在温和的灯光下显得那样完美。这样适当的裸露，自然是性感得惊艳。取酒回来，男士们纷纷前来邀舞，那一晚，小颜大出风头。

女子半露半掩，最为性感，反而更加吸引人想要一探究竟，不是吗？再想想《十面埋伏》里跳舞的章子怡，当金城武用剑挑破她的衣服时，虽然只是露出肩头，但那雪白的肌肤却给了人们无限的遐想。那一刻，镜头里面的章子怡就是一个性感尤物。至此，剧中的金城武便对章子怡神魂颠倒，再也无法忘怀。

懂得最佳裸露的女人是性感的，这份性感同时又保有一份高贵，不流于庸俗。如经过改良的旗袍，已经不再像清朝时那样捂得严严实实。裙角的开衩只靠上了几寸，领口只下拉了一些，腰身只紧贴了一点，该露的地方露了，同时又露得那么含蓄，让人不会产生反感的情绪，又展现出女人的万种风情。

裸露自己的身体时一定要自律，做到该露的地方露，不该露的地方打死也不能露。一半高雅一半性感，一半美丽一半神秘，这就是女人的风华绝代，也是女人魅惑人心的时刻。

胸部丰满的女性，完全可以将自己的长处恰到好处地展示出来，但前提是一定不要过于招摇。买衣服时需要注意领口的设计，V领和敞领是你的上佳选择，用抹胸代替吊带也是个好办法。如果是正式的白色衬衣、西服、套装等，只需打开上衣的第一个扣子，就可以注入几分知性，打造高贵和魅惑并存的形象。

运动型的女人可以适当地展露腰肢，健美的腰部曲线展示的是青春与活力。男人也喜欢女人们展示自己的小蛮腰，即便只露出一小部分，也代表着万种风情。吊带和短运动衫都是不错的选择，露出纤纤细腰的同时，也能包裹身体其他部分，打造遮与露的和谐比例。

如果腿部有资本，或修长，或笔直，或白皙，都可以适当地将腿部的美丽展示出来。有数据显示，男人更喜欢看女人的腿部。男人在欣赏女人的时候，总是很钟情女人腿部的优美线条，秀场上美丽的腿是致命的诱惑。短裙、短裤这时候就要派上用场，可选择露出脚背的高跟鞋，延伸腿部线条。

当然，在找到最佳裸露比例之后，我们也要了解自己身体的缺点与优点。找到属于自己的最佳裸露方式，展现自己的优点，隐藏自己的缺点，才能更好地展现自己的风情。现在就对着镜子仔细看看，如果发现自己的身材有些肥胖，不要多说，马上去掉赘肉，想要露也要先积攒出资本才行。

谁都不是天生就美的，
美了还要更完美

要么瘦！要么难受！

> 减肥是女人一生的事业。
>
> ——佚名

瘦身是个老生常谈的话题，如果要做一期福布斯话题排行榜，瘦身一定是位列榜首的，以致网上多年流行一个段子："三月不减肥，四月徒伤悲，五月路人雷，六月男友没，七月被晒黑，八月待室内，九月更加肥，十月相亲累，十一月无人陪，十二月无三围，一月肉更肥，二月不知谁！"

身为一个女人，不管你有男朋友还是没有男朋友，不管你是白富美，还是傻白甜，抑或是一把年纪的资深美妇，最重要的是，身材一定要好！尽管很多人都说胖一点的女人才有福气，尽管很多人说那个谁谁谁也很胖，但人家也很美啊。但无数事实证明，女人真是瘦点好看，瘦下去才更幸福。

苏菲从小就很胖，那时候被大人们誉为可爱，谁见了都会拧一下她圆乎乎的腮帮。苏菲一直以来也没把胖当回事，照样活得自在，大学时体重一度达到了150多斤。后来，苏菲喜欢上了一个男孩，当她鼓足勇气表白时，却从男孩的眼神里看到了一丝鄙夷，"抱歉，我喜欢骨感美女"。当看着男孩毫不犹豫地转身，轻挽着一个腰身纤细的女孩离开时，苏菲发现自己已是泪流满面。

再后来，苏菲在实习期间去求职，尽管她的专业能力很好，表达能力也足够，面试前也做了大量的准备工作，但每次总是以失败告终。开始苏菲还以为

自律的女人，
幸福迷人地位稳

是自己学历不够高，或者能力不强，后来发现似乎不是那么一回事，因为有些面试官只看自己几眼就摇摇头将简历放到一边了，甚至有一家公司的面试官直接跟她说："你怎么长这么胖啊？员工个人形象不好，是会影响公司整体形象的……"身材果然是女人的硬伤，看着镜子里臃肿的自己，苏菲沮丧极了，胖子就不配有未来吗？

看到大街上各种小蛮腰，一想到自己的水桶腰，你是否无地自容？夏天不敢穿裙子是吧？裤子不敢穿浅色的是吧？你难道就喜欢夏天穿个包得很紧的衣服大汗淋漓走在烈日底下？就喜欢看着自己喜欢的男生被别的女生抢走？就喜欢每天对着肥大的裤子把自己粗壮的腿塞进去？就喜欢一些没你好看但很瘦的女人穿着你穿不进去的美衣？就喜欢别人对你臃肿发福的身材指指点点？

听起来有点悲催啊！

"要么瘦，要么死！"小S的这句话听起来有些残忍，但道理却不假，一个女人如果连自己的体重都控制不了，何以掌控自己的人生？

或许你会半是嫉妒半是幽怨地来一句：那些身材窈窕纤细的美女，还不是因为爹妈生得好！身材是你人生的启动器，设置对了程序，并严格执行操作，好身材也并非不可企及。要不，现在就来看看怎么设置程序，如何严格执行操作？

来吧，好的身材一半是饮食，一半是运动。吃得爽和瘦之间，你只能选一样。该吃的时候少吃点，不该吃的时候一点不吃。不管是什么运动，游泳、慢跑、打球、跳绳等，只要适合你的或你喜欢的，那就去做。自律的女子不可能是个胖子，即便真成了胖子，她们也能自律地减下去。

很多女生会说，这些我们都明白，可是就是瘦不下来啊！别再继续纵容自己了，也别给自己找各种借口了，胖肯定不是一天胖起来的，所以想变瘦也不可能一天就能瘦，而且减重肯定比增重缓慢，所以这个过程你一定得有毅力，不要妄想几天就可以瘦下去,必须持之以恒才行。

比如有人会说,我打算花两个月变成120斤,我努力了,我自我约束了,然后我更绝望了。亲爱的,花一年时间从200斤到120斤,是自律与耐力。想花两个月做到,那是侥幸和赌局。你想减肥,那就把身边所有零食送人,不给自己贪吃的余地;饭后不想健身,想想又多出两斤肉,离男神又远了一点。

体重减不下来,往往是你坚持得还不够。如果你受不了,那就继续在胖子行列混,反正世界上胖子这么多,也不差你一个。而当你做成了这件事情,并从中获得了快乐、健康和漂亮,你自然就拥有了习惯性的自律,再也不会发胖,再也不会觉得自己很难做出某种选择,或是坚持一件事情。

瞧,在减肥的背后,其实隐藏着你的人生态度,你的不妥协,你的意志力。没有毅力,三天打鱼两天晒网,这是很多人的常态。薄弱的意志力,是人性的弱点。但当你对美好身材的渴望足够强烈,能自律地要求自己瘦下去,并坚持不懈时,你就克服了自己的弱点,战胜了自己的意志。

说的是身材,其实是人生。

把你的身材管理好,你离好的人生也不远了。

你那迷人的声音，是那最美的风景

> 把握好语意，语言就会把握好自己。
>
> ——刘·卡罗尔

文学作品里，常用"燕语莺声"形容女人说话的声音和语调，从中我们也不难领略出，女人的声音具有的特殊魅力。但生活中不少女人懂得如何化妆、如何微笑，懂得根据场合穿衣搭配，为自己的美丽增光添彩，却不懂得管理自己的声音，结果一开口，好不容易营造的美丽形象瞬间坍塌。

声音为什么会影响我们的形象呢？多年前，心理学家经过研究得出这样的结论：一个人的声音决定了38%的第一印象，声音是在第一时间传递给别人的一张听觉名片。当人们看不到说话人的长相和表情时，这个人的音质、音调、语速的变化和表达能力决定了这个人说话可信度的85%。

随便举几个例子，你就能明白声音与女人的关系是多么密切。

第一个例子：

在中国流行乐坛的道路上，有一个名字始终无法绕过——邓丽君。邓丽君是20世纪80年代在全球华人社会具有相当大影响力的一位台湾歌手，是华语乐坛和日本乐坛的巨星，亦是最负盛名的华语和日语女歌手。

平心而论，论美貌邓丽君不能说是风华绝代，但她温文尔雅、亲切可人的形象，甜美圆润、温婉动听的声音，令人印象深刻。她用完美的音色演绎出无数传唱至今、余韵绕梁的歌曲，如涓涓细流般缓缓地涤荡着心扉，使人觉得聆听她天籁般的歌声是种美妙的享受。

至今，邓丽君已经故去多年，但是她那独有的甜美声音、亲切可人的外形、温柔细腻的内心，依旧令人回味，也深深影响了几代人的成长。邓丽君，永远的绝唱，永恒的女王！

第二个例子：

一天，小许站在电梯口等候电梯。当电梯门徐徐打开时，小许不由得眼前一亮，面前站着一位高挑白皙的长发美女。看着这位绝色美女，小许愣了片刻，呆呆地走进了电梯。当电梯门合上之后，站在这位美女身边的小许，明显感觉到自己的心跳开始加速，开始在心里暗暗筹划如何和姑娘搭讪。

几秒钟后，电梯停在1楼，这时，绝色美女开始招呼着同伴出电梯，小许着实被吓了一跳。原来，这个拥有漂亮外表的绝色美女说话时的声音沙哑，粗粗的，如果不看本人的话，会误以为是哪家的大叔在发言，和她当时的精致扮相怎么看怎么不般配。

小许摇了摇头：如此漂亮的姑娘声音这么难听，真是可惜了。

小许上电梯的时候，被电梯里的美女所吸引，但仅仅几秒钟，这样美好的感觉便荡然无存了。原因就是美女虽美，但说话的声音很难听。

的确，声音的感染力是十分强大的。声音轻柔的女人，我们总会下意识地认为她是温柔如水的和顺女子，即使她的相貌不那么美，气质不那么动人，我们也会心有好感，情不自禁地被她吸引。而一个声线粗哑，说话粗俗的女人，很难得到别人的注目和好感。

由此可见，声音对女人来说是多么重要的魅力，在女人的生活中占有多么重要的分量。所以，我们要想成为美丽女人，获得美好人生的青睐，在拥有了仪容美、仪态美的同时，也要有意识地进行声音练习。如此，也就等于给自己的形象镀了金，你会变得非常有魅力！

或许有人会说：声音是与生俱来的，没有办法改变。其实，这种想法是不正确的，虽然每个人从出生开始就拥有自己独一无二的嗓音，但是通过后天长时间严格的发音训练，我们都可以提高自身的音色和音质，使自己的声音变得悦耳动听、富有魅力。当然，这需要你自律地去练习、去坚持。

不要拿腔捏调

林志玲的娃娃音，让她说起话来很嗲，加上她温柔的笑容，说话时有礼貌的姿态，让周围的人不觉得做作。但是，如果你想要模仿出她的"嗲"，只会费力不讨好。如果你年纪稍大，别人就会说你装嫩；如果你还是少女，别人就会说你模仿。总之，拿腔捏调的女人让人觉得做作。

不论你的声音是高是低，是细是粗，是悦耳还是嘶哑，都要尽量保持自然。不要去刻意改变天生的东西，你接受别人才会接受，在这个基础上再加以修饰，说话时态度要亲切温和，语调要柔和。不妨平时多读一些优美的文章、诗篇，文字会带动你的感情，会让你的声音越来越动听。

不要阴阳怪气

因为情绪所致，女人会故意用声音表达不满或讽刺，但是，你想过这种声音落在别人耳朵里会变成什么吗？对方固然难受了，同时也会觉得你是个刻薄的女人。如果周围还有其他人，他们也会暗暗心惊：真没想到一个看上去温良的淑女会有这样的声音，今后跟她接触一定要小心。

阴阳怪气的声音最难听，会对他人的神经造成一种压迫，让人在很长一段时间记住的不是你的柔声软语，不是你的侃侃而谈，而是你那尖酸的语调和刻薄的口吻。不论遇到什么事，就算你再生气，也不要阴阳怪气地和他人说话，那固然会给你带来一时的爽快，但对你的形象却是巨大且无法弥补的伤害。

保持一个平和的心态，你的声音才会发挥出最柔美、最舒服的效果。

不要突然拔高

女性因生理原因，声音尖细，当突然拔高的时候，会变得刺耳，也会让这位女性好不容易营造的美好形象毁于一旦，更会让人觉得此女大惊小怪，有哗众取宠的嫌疑。除非在看球赛，不然千万不要大声叫喊，你知道你的声音有多"惊人"吗？简直足以穿透房顶，让人想捂住耳朵。特别是成熟女性，声音一定要以"稳"为基础，试着让你气息稳一些，声调适中，语速适中，你也会拥有抓人耳朵的美妙声音。

还有，避免发出难听的声音

女人说话时，未必能把每句话说得像唱歌一样好听，但一定要保证不发出难听的声音。难听的声音很多，例如呕吐声，吞咽口水声，痰在喉咙里蠕动的声音，吃饭时过大的咀嚼声，这些声音不但失礼，也会给你的形象带来毁灭性的一击。

打开电视机，随便哪个台，找一个青春偶像剧，等女主角和男主角大吵特吵，你听着闹心吗？想关上电视吧？不能关，仔细听，牢牢记住女主角此刻是怎样说话的，并且在生活中要做到一次也不出现。否则，人们会看着你无奈地说："一个女人顶五百只鸭子。"想一下鸭子叫有多难听吧！把这些难听的都避免了，你的声音经过"筛选"，剩下的至少就不那么难听了。

改造声音也是一个长期的过程，慢慢摸索才能不断改进。记住，一定要持之以恒！

由内而外，"悦"读越美丽

> 美丽的身材可以吸引真正的倾慕者，但是要持久地吸引他们，需要有美丽的灵魂。
>
> ——科尔顿

青春难留，红颜易老，经常有女子叹息：何处寻觅永恒的美丽？不过，有这样一些女子，她们即使穿着普通的衣服、素面朝天出现在花团簇锦浓妆艳抹的女人中间，也会散发出夺目的光辉，让人过目难忘。是什么让她们拥有了独特的魅力？是气质，是修养，是浑身流溢的书卷味，使她们显得与众不同。

有一句话这样说："世界有十分美丽，但如果没有女人，将失掉七分色彩；女人有十分美丽，但如果远离书籍，将失掉七分内蕴。"这话说得很精辟，也很到位。美丽的女人就是一本书，容颜就是封面，智慧的核心就是内文。清新淡雅或是华丽雍容的封面会吸引众人的眼睛，然而令人长久留恋的却是书中的内容。

Alina 相貌普通，经常素面朝天，穿着也简洁朴实，但是她却赢得了丈夫的"专爱"。每次两人逛街时，即使是面对浓妆艳抹、年轻漂亮的女人，丈夫也不会左顾右盼，目光始终不肯离开 Alina，用他的话说就是："我的妻子浑身散发出一种独特的迷人气质，走到哪都是焦点，引人注目。"

Alina 很普通，没有任何修饰，却具备无可否认的美丽和气质，她的秘诀就是读书。走进她的家，除了桌椅等几件必需的家具外，入眼之处都是一摞摞的书。闲暇时间，读一些唐诗宋词、古今中外优美的散文，在轻松悠闲的阅读中修身养性，慢慢地，自身由内而外就洋溢着浓浓的书卷味，平添了许多清丽与优雅。

与书为伴的女人，在欣赏文字、咀嚼文字的过程中，用知识和智慧培养气质、塑造心灵和发展各种技能，她们的心灵和生活都会因此变得充实起来，在举手投足间展现端庄、高雅、自信、大方。无疑，这种美丽有内涵，有内容，经得起细品，这样的女人无论走到哪里都是一道独特的风景。

青春稍纵即逝，美丽对于容貌来说，也很短暂，而时光可以带走青春容颜，却带不走知识的积淀。书籍，是女人经久耐用的"时装"和"化妆品"。常与书为伴的女子，从内至外自有一种迷人的气质，即使两鬓白发，脸上长满了皱纹，也一样可以美丽动人，并且会随岁月的流逝变得越发醇厚。

读书的女人与不读书的女人，写在脸上的美丽是完全不同的。

读书的女人因见多识广而自信，不读书的女人因才疏学浅而自卑；

读书的女人因知书达礼而明理，不读书的女人因孤陋寡闻而无知；

……

读书可以改变一个女人的气质，因此你要想成为一个美丽、有魅力的女人，想赢得更多人的认可和欣赏，就不能让自己只停留在肤浅的表面，而是要多读书，让书的精华提升你的性格、思想、内涵、素质、修养，真正由内而外得到改变，变得越来越有气质。

那么，女人该看什么书？女人适合看什么书？很多女人或许都有这样的疑问。答案是要读有价值的书籍，比如那些有哲理性、思想性强、有深度的书籍，那些能提高你的修养、内涵，可以让你看起来更有品位和气质的书籍，特别是读名师的书籍，是一种与智者的交流，是一次穿越时空的精神之旅。

自律的女人，
幸福迷人地位稳

安雅人如其名，安宁优雅，一颦一笑之间，都是风情。她具有渊博的知识，理性的谈吐，那份睿智与从容，豁达与优雅，使见到她的人都深深着迷，而这种着迷无关容貌美丽和衣着光鲜，而是她自内而外散发出来的书卷气。她认为，真正美丽的女人都是内在的，而读书的女人有一种沉静的内敛。安雅喜欢读书，她所涉猎的书籍非常广泛。至于怎么读，她也有自己独有的方式。

身为女性杂志的编辑，她会涉猎一些与工作相关的、简单易懂的书籍，如《美容手册》《如何抓住他的心》《美女厨房》等。但是女人要想提高品位，让自己从内而外散发迷人气质，仅靠这些书籍是不行的。因此，安雅更喜欢这样一类书，如美国著名学者戴尔·卡耐基的《做内心强大的女人》、美国作家汤马斯·弗里德曼的《世界是平的》、中国柏杨的《中国人史纲》等，这些书籍都是能开拓见识并引人思考的。

安雅坦言说，自己在生活中也会遇到很多的困扰，比如因工作失误被领导批评，因小事与家人吵架，这时候她不会不停地抱怨或责骂，而是将自己关在书房里，安安静静地读一会儿书。从这些书里，她学会了独立安静地思考，获得了宽广的视野，提高了看待生活的境界，培养了沉着冷静、宽容忍让、不屈不挠的精神。有了这些，她便能自如地处理各种生活问题，活得更幸福。

读书能弥补样貌上先天的缺憾，是气质、精神永葆青春的源泉。与书为伴的女子，或清丽雅致，或温柔细腻，或落落大方，或仪态出众。她们的美是历经智慧的积淀，历久弥香，似春风扑面，是一份永远不过时的美丽。

谁都不是天生就美的，
美了还要更完美

没有倾国倾城的貌，但有超凡脱俗的美

> 最能直接打动心灵的还是美。美立刻在想象里渗透一种内在的欣喜和满足。
>
> ——爱迪生

我们常听到周围的人说某个女人"真俗气"，也会听到有人夸某个女人"美得脱俗"。著名作家司汤达也说："一个庸俗的女人，就像鲜花失去了香味一样可怜、可悲。脱俗应该是每个女人的毕生追求！"可以说，在所有的形容词中，"俗气"一定是不受欢迎的一个，而"脱俗"则彰显了一种与众不同的非凡气质。

"超凡脱俗"一词来源于郑逸梅的《我与文史掌故·集札》，其中写道："很自然的在疏书朗朗的八行笺中表现出来，给人一种超凡脱俗的美的享受。"

李宗盛唱过一首《鬼迷心窍》，其中有句歌词，细想很有味道。他说起旧情人，"有人问我你究竟是哪里好，这么多年我还忘不了"。一个被别人问"她到底哪儿好"的女人，自然不是大美女，大才女，她应该很普通，但也不普通。会让人在多年后依然"鬼迷心窍"，除了刻骨铭心的感情，情人眼里出西施的偏爱，剩下的那些迷恋，当然是因为这位女性本身具备的独特气质。

可以说，一个脱俗的女人可能拥有美丽的容貌，也可能长相普通，但却能够渗透出一种神韵，让人们印象深刻，留恋不已。

秋云是一家公关公司的媒介经理，她和老公结婚已近十年。但是，他们并

自律的女人，
幸福迷人地位稳

没有大多数人所经历过的所谓"三年之痛"和"七年之痒"，而是一直恩恩爱爱，就像当初恋爱的时候那样。这不禁让周围的人们羡慕，也让大家充满了疑问：秋云是通过什么办法保持这种状态的？她的老公为什么会一直对她这么好？其实，秋云的幸福婚姻是必然的结果，这是因为她在生活上永远"不俗气"。

和众多的女人一样，秋云每天也要围着丈夫和孩子的胃口而整日忙碌于厨房之中，但她却认为生活应该是建立在柴米油盐的烟火味之上的。空闲时，她不会碎碎念各种柴米油盐的琐事，也不会八卦东家长西家短，而是静下心来读一本书，或者看一部电影，并从中得到感悟。正是因为这份脱俗的气质，他的多金老公从不对外面的"彩旗"倾慕，因为在他眼里，那些女子都太俗了。

一个女人即使是美若天仙，一旦沾上了"俗气"二字，那自身的魅力就会所剩无几。超凡脱俗，这是对一个女人最好的赞美。就像《神雕侠侣》里面的小龙女，《天龙八部》里面的神仙姐姐，她们的脸上看不到尘世间的烟火气，她们仿佛一个天使，融入世界，又在世界之外。

俗气不是与生俱来的。每一个女人在孩童时期都是天真无邪的，她们的眼神透明澄澈，但是一旦长大后进入社会，随着对社会的认知逐步加深，有的女孩就会迷失在尘世的喧嚣里，于是就变得俗气起来。所以，要想活出超凡脱俗的美，需要通过自律的生活节奏去实现。

一个脱俗的女人虽然也会受日常琐事的牵绊，会被世俗所牵绊，但即便每天生活在柴米油盐中，她们也会要求自己保持原来的模样，常常用一种上帝的视角来审视这个世界，让日子在柴米油盐中升腾。她们并非不问世事，而是选择静静绽放，因而取得了不同凡响的成就。

文婷在一家移民公司做业务员，因她优雅的谈吐和出众的外表，使得很多客户愿意买她的单，为她的业绩添筹加码。尽管工作业绩优异，但文婷对此并不是特别在意。其他同事遇到可能成交的客户时，会积极地和他们联系，还找机会请客户吃饭、K歌等，想以此来联络感情，获得客户的好感。但是，文婷从没这样做过，她的原则是工作是工作，生活是生活，吃饭属于自己生活的一部分，属于8小时之外的"私事"，不应该被工作打搅，而且工作也不应该如此功利。

对于这样的想法和做法，很多人都说她傻，但文婷却一直坚守自己的原则，并且时常警示自己不要做市侩的女人。由于业绩突出，工作两年半之后，文婷被公司提拔为业务经理。事实上，正是文婷这种与众不同的脱俗气质，赢得了客户们的欣赏和信赖。这在为她带来好业绩的同时，也获取了领导的信任和青睐。

在我们周围的生活中，如果留意一下，或许不难发现像文婷这样的女孩，她们不一定有那种倾国倾城的美貌，但她们的眼神永远是干净的，举手投足间都透着一种轻灵而飘逸的韵味，她们美得自然，美得大方，美得脱俗，总能够在人群中立刻凸显出来，成为众人注目的焦点。

或许有人会认为，我们都是凡夫俗子，每天生活在五花八门的大社会里，谁能保证自己能够不俗气呢？如果你也有这种想法，那么就请找个闲暇时间，去池塘里看看荷花吧。它的根扎在最脏的污泥之中，却绽放着最洁净的颜色和光彩，所谓出淤泥而不染不就是一个脱俗的境界？生活在俗世中，却超脱其外。

Chapter 2

能控制情绪的女人,
比拿下一座城池的将军更伟大

女人可以不成功,但一定要成熟。什么是成熟?成熟是一场有意识的觉醒,是一场主动性的改造,这涵盖了对情绪的控制,内心的强大,以及对言行的教养。做一个自律的女人,安静坦然,不躁不乱,从容生活,幸福就会到来。记住,你处理自身情绪的速度,就是你迈向成功的速度。

烦恼无数，想开就是晴天

> 换个角度看问题，生命会展现出另一种美。生活中不是缺少美，而是缺少发现。
>
> ——罗丹

天气晴朗的时候，我们往往会觉得心情很好；天气阴沉的时候，我们的心情也感觉受到压抑。大自然的气候会影响我们的心情，我们内心的"气候"同样会影响我们的心情。事实上，我们心情的好坏与外界因素的关系并不是绝对的，真正起到决定作用的，还是我们内心的态度。

看看我们周围，总有一些女性一说到有个好心情就认为是件"奢侈"的事，认为它只会出现在朋友们的祝福声中。她们会说，每天不是工作就是家庭，为了事业为了家，忙得四脚朝天，各种烦恼都处理不过来，哪里还有好心情可言？我们不禁要问：难道拥有好心情真的就那么难吗？答案当然是否定的。

罗曼·罗兰说："人生所有的欢乐是创造的欢乐：爱情、天才、行动——全靠创造这一团烈火迸射出来的。"

无独有偶，一位诗人也说："如果有一袋烂苹果，就做一些苹果馅饼；如果有一颗柠檬，那就做一杯柠檬汁，世界上没有不快乐的生活，只有不肯快乐的心。"

的确，摆在我们面前的东西，往往并不能让我们感到顺心如意，而常常是烦恼与忧虑。如果我们被这种状况牵绊，那么我们的心必定是不快乐的。但如

自律的女人，幸福迷人地位稳

果我们能自律一些，控制好自身的情绪，换一种乐观的态度，从不美好的事物中看到好的一面，那么快乐也就会降临在我们的身心之上了。

寓言故事《哭婆婆笑婆婆》就是最好的证明：

一位老太太有两个女儿，大女儿卖伞，二女儿卖布鞋。老太太整天都为女儿们的生意而焦虑，经常忍不住落下泪来。原来，每当晴天的时候，她就想：大女儿的伞卖不掉了，赚不到钱了。每当雨天的时候，她又想：二女儿的布鞋卖不掉了，赚不到钱了。为此，人们给她起了个绰号，叫"哭婆婆"。

一天，一位禅师遇到了哭婆婆，想帮老太太疏导一下情绪。禅师说道："老人家大可不必天天忧心，下雨的时候，你要想卖伞的女儿生意好，天晴的时候你要想卖鞋的女儿卖得好，这样你自然就不会哭了。"

老太太听禅师这么一说，立马不哭了，她从此顿悟，成了一个天天都笑盈盈的"笑婆婆"。

哭婆婆变成了一个笑婆婆，这里的关键不在于天气发生了变化，而在于其看待事情的角度发生了改变。我们和这位老太太没什么不同，我们无法主宰天气，但是可以主宰自己的心情，如果任天气牵着鼻子走，那真是一件不太妙的事情。所以，不管晴天还是雨天，我们还是笑着面对每一天吧！

凡事皆有两面性，就看你用什么样的态度去对待，如果你更关注"坏"的一面，那烦恼肯定是不请自来，如果你能多注意"好"的一面，那么每一件事情中都能找到让自己开心的东西，快乐也就随之而来了。人生烦恼无数，想开便是晴天。怀着快乐的心态时，到处都是希望，满地都是惊喜。

库莎是一个快乐的百岁老人，她每一天都生活在快乐之中。在她的世界里，似乎从来没有发生过不快乐的事情。当然，这份快乐使她成为朋友圈中最受欢迎的女人，尽管她不够美丽，而且早已满头白发、皱纹横生。

有个生活苦闷的年轻人慕名来拜访库莎："我一直感觉不到快乐，也没有什么朋友。我看到您每天都很快乐，您身边有很多朋友，您真是一个活得漂亮的女人，您的生活中一定事事都如意吧？"

库莎笑了笑，轻轻地说："人的一生不可能事事如意，已经发生的事实不可以改变，你唯一能控制的就是你的想法。我可以肯定地告诉你，所有的事情都有值得快乐的一面，这正是我快乐的秘诀。"

年轻人很诧异，问道："假如您一个朋友也没有了，您会感到快乐吗？"

"当然，我会高兴地想，幸亏我没有的是朋友，而不是我自己。"

"当您走路时突然掉进一个泥坑，弄得一身泥泞，你还会快乐吗？"

"是的，幸亏掉进的是一个泥坑，而不是无底洞。"

"如果遭遇了车祸，撞折了一条腿呢？"

"大难不死必有后福，有什么不快乐的呢？"

"假如您马上就要失去生命，您还会快乐吗？"

"当然，我高高兴兴地走完了人生之路，说不定要去参加另一个宴会呢。"

年轻人不再问了，他沉默了好一会儿才说道："这么说，生活中没有什么事可以打破您平静的心态，对您来说，生活永远是快乐组成的一连串音符？"

库莎说道："是的，只要我愿意，我就是快乐的。"

快乐的女人在给他人带来愉悦的同时，也给自己带来了一份自信，就好像最美丽的天使、最灿烂的阳光，照亮自己的生活，也照亮旁人的生活。谁不希望在烦闷的日子里透一口气？谁不希望在压抑的工作中找到一丝轻松的理由？……有太多太多的理由，让人们去欣赏一个快乐的女人。

生活像镜子，你笑它也笑，你哭它也哭。自律一点吧，把每一天的到来，都当作是新生命的诞生一样，在内心告诉自己，生活的每一天都应该是充满希望的，都应该是快乐的，尽管这一天可能会有许多麻烦事，但只要心存快乐，生活就没有那么困难，事情就没有那么糟糕，麻烦也就不再是麻烦。

心中保持一片朗朗晴空，一切都会变得美好起来。

大度点，不为小事抓狂

> 世界上最奇怪的事情是，小小的烦恼，只要一开头儿，就会渐渐地变成比原来厉害无数倍的烦恼。
>
> ——马克·吐温

提到女性，人们认为细致温柔是她们可爱的地方，但随着年龄的增长，细致的女性开始变得琐碎，温柔的女性越来越喜欢发脾气。其实这并不是不可理解，女性负担重，心思重，平日要操心工作，操心生活，操心老公孩子，想得越多，心思越重，就会想到另一个、再一个，最后变成一连串的烦恼。

人们都说"宰相肚里能撑船"，宰相可不是男人专属的职位，女人也可以日理万机，也可以运筹帷幄，但是，女人似乎更容易被小事影响，轻则心情不好，重则大发脾气，还常常因为小事影响大事，因为闲事影响正事。在过去，有人说"头发长见识短"，说的就是女人容易被鸡毛蒜皮的小事牵制，影响大局。

连续工作了一个月，这个周末琳岩终于可以歇息一下了。早上起床后，她正打电话问候自己的好友，可是调皮的儿子却拽着她的衣角不停地问一些问题，烦躁的她忍不住粗暴地挂上电话，对儿子一阵劈头盖脸的指责，结果儿子开始不停地抽泣，而丈夫则指出琳岩的行为有些过分了。顿时，琳岩的大好心情被破坏了。她一直想着这件事情，结果由于心不在焉，倒牛奶时不小心洒了烫到了自己，琳岩十分火大，认为都是因为儿子和丈夫的吵闹使她的心情变得十分糟糕。

　　事情还不止这样，洗碗的时候，琳岩还打碎了一只杯子，虽然不值几个钱，但她简直要崩溃了。就这样，琳岩几乎整天都没有什么好心情，她带着火气擦地、整理衣物，时不时教训着儿子，也没有心情和丈夫说一句话。晚上睡觉前，她还不停地抱怨这一天发生的事情。这时候，丈夫温和地提醒道："儿子有什么错呢？孩子还小，缠着大人是常事，不高兴的事情都是你自己造成的，更何况，那是多么微不足道的事情啊！你为什么把自己弄得一整天都不高兴呢？"

　　琳岩被牛奶烫到了，她打碎了一只杯子，对丈夫不理不睬，原本好好的周末结果在不愉快中度过了，而这些仅仅是因为儿子的哭闹，这件小事惹恼了她。这就像著名作家肖剑所说的一句话："很多时候，让我们疲惫的并不是脚下的高山与漫长的旅途，而是自己鞋里的一粒微小的沙砾。"

　　早上挤公共汽车时，有人不小心踩到了你的脚；在上班的途中，遇到了堵车；下班途中，汽车的轮胎突然被放了气……生活中处处是各种琐碎的小事，如果我们总是紧抓着不放，内心苦闷的情绪无法得到释放，那么就等于在无形中夸大了小事的重要性，我们的生活很可能就被这些小事情给拖垮了。

　　而且，从医学的观点看，经常为小事抓狂对健康也是极其有害的。比如，《红楼梦》里的林黛玉，虽生有闭月羞花的美丽容貌，但是由于心思细腻，觉察敏锐，常常纠结于细节不放，为一些芝麻绿豆大的事情而郁郁寡欢，愁肠百结，辗转反侧，最终只得落个"红颜薄命"的悲惨结局，可惜可叹。

　　有时候女人真需要检讨一下，生活中多少不开心，其实是自己折腾出来的。

　　那些过得快活而安然的女人并非没有烦恼，而是她们能控制自己的情绪，心胸宽广，心境超脱，不为鸡毛蒜皮之事抓狂、斤斤计较，如此也就求得了心理上的平静。内心世界清静了，也就能腾出更多的精力去做更重要的事情，如此也就更能感受和创造生活的美好。

自律的女人，
幸福迷人地位稳

常为小事烦恼，人生苦多乐少。有些事情我们在经历时总也想不通，直到生命快到尽头时才恍然大悟。换句话说，一个人会觉得烦恼，是因为他有时间烦恼。一个人会为小事烦恼，是因为他还没有大烦恼。因为若遇到大烦恼，遇到生命危险的时候，原来的小烦恼是那么渺小、荒谬，实在没有理由值得为此烦恼。

"第二次世界大战"期间，有一位名叫罗伯特·摩尔的美国人，他的经历给了我们深刻的启迪。

1945年3月，罗伯特和战友在太平洋海下的潜水艇里执行任务，他们从雷达上发现一支日军舰队朝这边开来，于是就向其中的一艘驱逐舰发射了三枚鱼雷，可惜不仅没有击中，还被对方发现了。三分钟后，天崩地裂，6枚深水炸弹在四周炸开。随后更是数不清的深水炸弹不断投下炸开，整整15个小时，有20多个深水炸弹在离他们15米左右的地方炸开。若深水炸弹离潜水艇不足6米的话，潜水艇就会被炸出一个洞来。

"这回完蛋了，罗伯特吓得不敢呼吸，全身发冷，牙齿打战。这15个小时的攻击，感觉上就像有1500年。过去的生活一一浮现在眼前，他想到自己曾因为工作时间长、薪水少、没机会升迁而发愁；也曾为没钱买房子、买车子、买好衣服而忧虑；还为自己额头上的一块伤疤发愁过。以前这些事看起来都是大事，可是在深水炸弹威胁着要把自己送上西天的时候，罗伯特觉得这些事情是多么的荒唐、渺小，他向自己发誓："如果我还能有机会看见明天的太阳，我永远也不会再为那些小事烦恼了。"

15个小时之后，那艘布雷舰的炸弹用光，攻击停止了。自此，罗伯特过上了另外一种全新的生活，他再也没有为生活小事感到烦恼过，不纠缠，不羁绊，变成了一个内心安定与平静的人，这无疑为他在今后的生活中创造了巨大优势。

"如果还有机会看到太阳和星星的话，我一定不为小事而烦恼"，这是经过大灾大难之后才会悟出的人生箴言！当死亡临近的那一刹那，其他什么事情都会变得渺小，也不值得为此烦恼。毕竟生命是无价的，任何代价都换不来生命，死亡是最大的烦恼。人生在世，时间短暂，何必为小事烦恼呢？

　　好了，下次遇到不愉快的事情，心情被搅得烦闷的时候，请提醒自己要冷静一点，告诉自己："这只是一件鸡毛蒜皮的小事，根本就不值得我去发火""生命太短暂，何必为这些微不足道的小事儿怒上心头呢？"如此做了，你将走出情绪的漩涡，让心灵充满正能量，让生活变得惬意很多。

自律的女人，
幸福迷人地位稳

那一场不动声色的优雅

> 把烦恼当作脸上的灰尘，衣上的污垢，染之不惊，随时洗拂，常保洁净，这不是一种智慧和快乐吗？
>
> ——王蒙

每一个女人都想活得自由自在，这个自在，就是希望自己能随时说想说的话，想哭的时候不必憋着，想笑的时候不必在乎形象。比如，人们常常羡慕小孩子，因为他们喜怒哀乐形于色，想哭就哭想笑就笑，不会想太多，不会有什么情绪憋在心里，不会有什么事长久放不下，总能快快乐乐。

在每个女人内心深处，都有孩子气的一面。可是，立足于社会的人，哪能像小孩子一样随意？任何人都在社会的历练和摸爬滚打中，多多少少学会了一些察言观色的能力，也就是所谓的读心术。而情绪，正是心灵的窗口，你表现得越多，越容易暴露。如果遇到不怀好意的有心者，你的喜怒情绪很可能成为对方攻破你内心的一个突破口，你的情绪也就成了你最致命的弱点。

例如，有一些女人一听到某类言语，或碰到某种类型的人就发怒，有心者便会故意制造这样的言语，指使这种类型的人来激怒她，让她在盛怒之下丧失理性，迷乱心智，失去风度；一听到某类悲惨的事或自己遇到什么委屈，就满脸哀伤，甚至伤心落泪的女人，有心者了解她内心的脆弱面，便会以种种手段来博取她的同情心，或是故意打击她情感的脆弱处，以达到有心人的目的。

能控制情绪的女人，
比拿下一座城池的将军更伟大

人都是有七情六欲的，诚然，连喜怒哀乐都不能随心表达，这种人生也太过于小心翼翼了。不过，若因喜怒哀乐表达失当而给自己招致祸端，这样的人生也是极度失败的，也可以说是人生的悲哀。换一句话说，如果我们连自己的情绪都控制不好，又怎么有能力去控制自己的人生？

曾经是世界女子网坛一号选手的萨芬娜，她每在决战时刻总是自我缴械，这让很多人都很迷惑不解。

原来，年纪轻轻的萨芬娜在心智上还不够成熟。萨芬娜在赛场上经常表现得十分沮丧、失落，甚至愤怒摔坏网球拍，十分不理性。就因为她时常把自己的情绪暴露出来，就给了对方可乘之机。萨芬娜的情绪越是暴躁，对方就越是冷静，在罗兰·加洛斯，萨芬娜曾被塞尔维亚美少女伊万诺维奇直落两盘。后又在澳大利亚网球公开赛仅坚持1小时就倒在了小威拍下，接着是0:2不敌同胞库兹涅佐娃……

萨芬娜最大的缺点就是把情绪写在脸上，因此就连她的对手也对萨芬娜表示惋惜。萨芬娜也知道自己的压力太大，因此每次上场前，她都会给自己减压："我已经是世界第一了，没有人能从我这里把它夺走。"但一到场上，她所有的压力就全部转化成了情绪而呈现在脸上，这让她与大满贯冠军无缘。

米开朗琪罗·博纳罗蒂曾说："被约束的才是美的。"对于情绪来说也是如此。无论何时，你能够控制自己，才能够控制局面。所以说，一个人成功的最大障碍不是来自外界，而是自身，除了力所不能及的事情做不好之外，自身能做的事不做或做不好，那就是自身的问题，是自制力的问题。

要做到喜怒不形于色，确实不是一件简单的事情，它要求我们有很强的自我克制力，不论有什么感觉，都要以大局为重，告诉自己忍一忍，放一放，这样做的好处是：把喜怒哀乐在情绪中抽离，便能够用冷静客观的心态去面对自己所遇到的事情，思考它给你生命中带来的积极意义。

自律的女人，
幸福迷人地位稳

在生活中，你也许对自己的婆婆十分不满，对丈夫的一些朋友十分不悦，但这些情绪要能很好地抑制住，否则一旦爆发，家里就永无安宁之日了；在工作中，也许你对某个同事十分不满，也许哪个上司令你十分厌恶，但你不能把这些情绪随随便便发泄出来，更不能对人家使脸色，否则你的工作环境将危机四伏。

一位年轻的高中班主任最近得到了"优秀教师奖"，以她的年龄，这个奖似乎来得早了一些，很多老教师辛苦了几十年，还没拿到这个奖项。但是，这位班主任实至名归，没有任何人提出异议。这也难怪，在她的班级，老师与学生相处得无比和睦，每一项活动都少不了他们班，学生的成绩也在年级遥遥领先。

在她的班级里，学生对班主任都有一种崇敬与依恋，愿意听她的话。在学生越来越不好教的当下，这种情况很少见，也很让人吃惊。但在她的班级，又是一件很自然的事。她基本没请学生家长来过学校，她说："学校教育就是老师的事，管不了学生去找家长，是教师的失职。"她对学生从来都是和颜悦色，还会站在学生的角度去思考问题，所以在相处中他们像极了朋友。

只有她的朋友们知道，她是一个急性子的人，一点也不温柔，但她说："小孩子的心理还不健全，就算你和他们做朋友，也不能完全开诚布公，还需要考虑他们的承受能力。我或许会失望，或许会急躁，或许会生气，但不管遇到什么情况，我都控制自己的情绪，只有拥有慈爱，才可能当他们的良师益友。"

有智者说，适度地隐藏自己的情绪是智慧的体现。

是的，增强自控能力，不要太情绪化，将"喜形于色"变通为"不动声色"，不仅可以让你看起来更有涵养，在别人心目中留下成熟、沉稳、可信赖的形象，而且很多时候会让事情变得简单，变得更容易解决，这是成功人生的重要法则之一，这样才能不辜负当下所做的各种努力。

能控制情绪的女人，
比拿下一座城池的将军更伟大

不惊慌，不失措，淡定的女人最从容

> 一个人的自信心来自内心的淡定与坦然。
>
> ——于丹

在说到女人个性的时候，往往有一个词会快速跃入我们的脑海，那就是：感性。的确，感性是女人最大的特征，表现在她们很容易受到他人影响，很难坚定自己的意图，遇事容易慌手慌脚、心浮气躁。在一些棘手的大事面前，女人最容易手足无措，不知如何是好。

然而，没有人认为一个惊慌失措的女人是美的。一个真正令人欣赏的美丽女人，一个真正获得幸福青睐的女人，定是处变不惊，永保内心宁静的。想想也是，在我们生命的旅途中，会遭遇种种事情，倘若没有一份波澜不惊的心境，怎会给我们浮躁的心最温柔的安抚，带领我们去追寻想要的生活呢？

对于现代女性来说，遇事沉着冷静是一个女人有涵养的深层表现。遇到事情如何面对，能看出一个人的能力和素养。也是最能展示一个人魅力的时候。一个女人要想活得有尊严、有涵养，就要学会淡定，最大限度地表现出沉着冷静。

美国前任总统小布什的夫人劳拉，有着一般人所不具备的品质与涵养——淡定，这个品质非常适合她第一夫人的身份。2001年的"9·11"事件，是美国本土遭遇的最严重的恐怖袭击，美国民众普遍性地有紧张、害怕情绪，社会秩序瞬时陷入一片混乱。劳拉也很紧张、很害怕，但她提醒自己是第一夫人，需要承担起责任,不能惊慌失措。最后,她在这次事件中所表现出的沉着冷静的气质给美国人留下了深刻的印象。

的确,当世界贸易中心双塔倒塌时,劳拉第一时间赶了过来。"在那种情况下,你会一下子看出一个人的气质来,"参议员肯尼迪后来回忆说,"劳拉不仅直接参与了部分救援活动,还去慰问自愿献血的白宫工作人员,给学校的孩子写公开信,还在电视节目中告诉家长,要经常拥抱孩子,让他们有安全感。"在国家大灾难面前,劳拉所表现出来的这种淡定素质给了民众很大的信心,她临危不乱的领导能力获得了各方的赞美,最终使得一家报社授予她"国家的安慰者"称号。

任何情况下都要处变不惊,劳拉所具备的这种优秀品质已经与她的生命融为一体,这让她能够一次次克服困难,还让她游刃有余地经营着自己不平凡的婚姻。外界关于前任总统小布什与国务卿赖斯之间关系暧昧的传闻从来没有间断过,而劳拉也从没有对此给予过任何回应。在这件事上,她采取了沉着冷静的态度,她始终相信自己的丈夫,也相信国家总统。事实证明,她的选择是对的。

在面对大事件时沉着冷静,让我们看到了劳拉非同寻常的涵养和素质。同样作为女人,我们不奢求能在面对大事件时做到像劳拉这样沉着冷静,但对于一些日常事情还是很有必要做到不慌乱、不焦躁、不抓狂的。这也是体现我们涵养和气质的时候,更是历练我们成熟心智的时候。

好莱坞影星安吉丽娜在性格以及行事作风上的特立独行为她增添了不少个人魅力。

有一年,安吉丽娜参加某颁奖礼。在颁奖典礼上,主持人和嘉宾先要寒暄一番,谈一下这一年的回顾感想,然后再引出正题,宣布获奖名单,这已经是颁奖典礼的流程了。可那一次,安吉丽娜一上台便忘了词,连寒暄的话都不知如何说起。旁边的主持人试图提醒她，但怎样提醒也不能激发她的记忆，她还是想不起来，眼看就要出现冷场，主持人急得一头冷汗，不知如何是好。

面对着直播的镜头，安吉丽娜没有紧张，没有惊慌失措，而是淡定地说："等一下，让我想想。"许多人兴致勃勃地等着看影后冷场的尴尬后该如何收场，结果，几秒钟后，安吉丽娜笑了笑，然后很真诚而平静地说："我想不起来了，我们颁奖吧！"接着，她从容淡定地直接念出了获奖者的名字。观众们先是沉默，随即为她的镇定从容热烈地鼓掌。

聪明的女人从容淡定不改色，就是遇到再尴尬、紧张的场面，也能轻松应对，她们遇到紧张的情况，会要求自己镇定自若，伺机化解，就算真的找不到化解的办法，一笑了之也不失为一条妙计。不得不承认，安吉丽娜确实足够淡定，足够冷静。这也正是一个成熟、聪明、睿智的女人的态度和行为。

一位作家曾坦言：态度是风度的基础。所以，不管面对什么事情，女人都应该把"淡定"当作基本态度。伤心的时候，不气馁，不绝望；遇到困难的时候，运筹帷幄，寻找转机……女人的淡定，是一种为自己寻求最有利解决方式的大智慧，是一种在别人面前树立自己良好形象的好机会。

自律的女人，
幸福迷人地位稳

保持不愠不火，容下所有是非

> 愤怒以愚蠢开始，以后悔告终。
>
> ——毕达哥拉斯

无论是影视剧中，还是现实生活中，总会有一些矛盾冲突的时刻。这时候，往往会出现一位情绪失控的女性，那架势简直要毁灭地球一般。在很多人认为，发怒是一种发泄方式，但我们必须要明白一点，如果遇到问题就感情用事，怒不可遏，不仅于事无补，反倒会让处境越来越糟。

一位女性作家在一本书中就这样写道："冲动是女人中常见的一种极端负面情绪。面对痛苦的打击和不平时，女性往往会出现一种歇斯底里的情绪，这也是女性基因中的一个特别之处。当其爆发时，怒气和怨恨像潮水一样涌出，那是一种接近世界末日的情绪，那种感觉有时候与死亡非常接近。"

看一个真实的例子，你就一目了然了。

曾经，洛丽塔是电影界红极一时的女明星之一，她曾演绎过很多经典的作品。在银幕上，洛丽塔温文尔雅、温和可人，用她那精湛的演技征服了一大批观众。正是因为这一点，洛丽塔的狂热追逐者不在少数。但是，摄像机之外的她，却判若两人。因为她经常情绪失控，总为一些小事情而抓狂、发脾气，像一只暴躁的狮子。熟悉洛丽塔的人都说，虽然有明显个性特征的演员更受观众青睐和追捧，但没有人能够招架得住洛丽塔的暴躁脾气。就连经常与她一起合作的导演和同行也坦言，洛丽塔火暴的脾气经常阻碍拍片的进度，影响与合作演员之间的关系。

可以说，洛丽塔的火暴脾气在电影界是众所周知的，早在她24岁那年，就因为在片场与另外一位演员发生严重的争执并且拒绝向对方道歉而被解雇。不久之后，洛丽塔又因为和一位制片人在台词问题上存在分歧而大闹片场。据说，在洛丽塔的生活中类似这样的事情还有很多，比如因一场误会在公众场合大骂自己的经纪人，在下榻的酒店因为某些事和酒店工作人员吵得不可开交，等等。

在一次角逐国际电影的最佳女主角时，洛丽塔被认为极有可能再次捧走桂冠，然而也有不少人持怀疑态度，他们认为洛丽塔不可能问鼎最佳女主角，这当然不是因为竞争过于激烈，而是因为她暴躁的性格和易发怒的习惯。当获奖结果公布后，正如那些持怀疑态度的人所说，洛丽塔并没有在这场角逐中胜出。

洛丽塔的遭遇可悲可叹吧？在现实生活中，我们也会看到，有些女人因为各种各样的事情导致不可抑制的愤怒，结果做出追悔莫及的事情，例如，因为老板的一句无心之语，意气用事，盲目地提出辞职；为了一个不一致的意见、一丝隔阂而冲动、发怒，闹得夫妻不和，最后分道扬镳……值得吗？

不得不说，愤怒实在是可怕的情绪。它既摧残了我们自己的心灵，也搅扰了本该良好的人际关系。这对于我们自身的人际关系及事业发展，都是有百害而无一利的事。

生活中必然有外界的事物影响着我们，在人与人相处中，磕磕绊绊的事情难免会发生，但每个人都应该努力看管好自己的愤怒，在至关重要的时刻保持理智。正如一首诗所说："哪怕你心中燃起熊熊烈火，也不要在你鼻孔中飘出丝丝青烟。"如果你动不动就发怒，那一定是因为你不够自律。

一位禅师对兰花十分钟爱，弘法讲经之余，他精心培植了许多兰花，花费了很多时间和心血。有一天，禅师要出去云游一段时间，临行前嘱咐他的弟子们一定要替自己好好照料那些兰花，弟子们答应了。

接下来的日子里，弟子们很悉心地照料着这些花儿。但一位弟子在给兰花浇水的时候却不小心将整个兰花架子碰倒，架子上的所有花盆都摔碎了，兰花也被摔得支离破碎，弟子们惊慌失措，做好了赔罪领罚的准备。

禅师云游归来，听闻此事，丝毫没有生气。弟子们都疑惑不解，禅师神态平静而祥和地解释道："我种兰花，一则是用来供佛，二则是用来美化寺院，不是用来生气的。并且，生气也不能让兰花复活，我又何必生气呢？"

弟子们恍悟……

禅师无疑是不被怒气所控制的智者，所以即使钟爱兰花，他也不会因兰花的得失影响心情。在生活中我们也应当像禅师一样，学会克制自己的情绪，战胜愤怒的情绪。你会发现，心平气和、理智冷静地解决问题比生气要好得多。如此一来，气消了，智慧也增长了，而且能够得到祥和的人生。

勿让怒火辜负了原本的恬淡平和，勿让怒气浇灭掉本该惬意的春花秋月。一个幸福的女人，她的脸上一定是平和而安宁的。这样的女子不会轻易动怒，遇到事情总能化解于无形。也正是这一良好的素养，让她们的魅力不可抵挡。

让你生气的，从来都是你自己。你若不气，无人能气，万物宁静。既然如此，何不带着嘴角的那一抹微笑生活呢？别忘了，没有人喜欢你生气的面孔，却有很多人会欣赏你优雅从容的姿态！

嫉妒别人没用的，提升自己是正道

> 嫉妒的人把时间和精力都浪费在了他人蓬勃发展的过程中。
>
> ——贺拉斯

对于女性来说，嫉妒似乎是一种与生俱来的情绪。回想一下，周围的同事、同学、朋友如果在某些方面比自己强、比自己好的时候，你是不是也生出一丝嫉妒心理？反过来，当你某些方面强于她人的时候，她们是不是也同样会嫉妒你？我们常说的"酸葡萄"心理，其实就是一种嫉妒。

嫉妒确实与生俱来，但是并不是说，我们可以任由嫉妒这种情绪蔓延。

要知道，小小的嫉妒可能无害，甚至会激励嫉妒者奋发向上，勇往直前。而嫉妒过了头可就不好了，不但伤人，而且伤己。因为嫉妒这种情绪所产生的作用往往是负面的，这是一种羡慕和憎恶、怨恨和愤怒、失望与猜疑、虚荣与屈辱等并存的复杂情感。这些情绪都会让我们感到不快，甚至有些刺痛。这样一来，被嫉妒包围的我们，会被它折磨得身心疲惫，内心痛苦。

思思是一个生长在小山村的姑娘，经过努力地学习，好不容易考上了一所没什么名气的大学。毕业后，由于竞争太过激烈，思思一直找不到工作。无奈之下，她只好回到生养自己的小山村。回到家乡后，她依靠家里的关系进了一所乡村小学任教师。可是这份工作，思思觉得干得不舒心，因为领导们很少表扬她，学生们也不热情，她对比自己年纪小、学历也只有中专的同校老师小华很是嫉妒，原因是小华的讲课水平比她高出很多，总受到学生们的称赞和校领导的表扬。

当时思思和小华同住一个宿舍，但思思不会跟小华说一句话，有时小华主动和她说话，她也是一副翻白眼、嫌弃的样子。而且，只要小华稍有不慎，她就抓到把柄，立马欢呼雀跃高喊着跟领导告状。例如，得知小华正在和一位男老师谈恋爱时，她就指出是小华主动勾引那位男老师的，这样做是伤风败俗的，会给学生们起到坏的影响，结果导致小华挨了批评。可这样做了之后，思思又没有感到快乐，她觉得自己是个道德败坏、心理阴暗的人，被折磨得睡不着觉。结果由于教课时心不在焉，思思被学校开除了。

没有一个人会因为你的嫉妒而越来越差，但是嫉妒本身却会毁了你的生活。会让你变得心胸狭窄，自私小气。

所以在此告诫女性朋友们，一定要克制自己的嫉妒情绪，因为我们完全没必要将时间和精力浪费在对他人的嫉妒上。当看到别人具备强于我们的优点和收获时，要客观地认识彼此的差距，并抓住一切机会，调动所有因素来增加自己的资本，学习别人的优秀之处，缩短彼此之间的差距。

每一位女性都是一粒富有生命力的种子，都有长成参天大树的潜质。嫉妒别人没用的，提升自己是正道。正如一位心理学专家所言：解决嫉妒问题的根本方法，就是自己也成为一个优秀的人。当达到这种状态的时候，嫉妒就会不知不觉消减，因为自己的人生，已经在这个过程中有了切实的价值。

出生于美国加州某小镇的安尔莎，在当地一家小型图书馆工作。她每天的工作内容就是整理书籍，负责读者的借阅，有时候还要修补坏了的图书。由于图书馆规模较小，利润也不太高，所以员工的薪水普遍不高。在这里工作的大部分职员，每天都懒洋洋的，当他们看到图书馆的馆长工作轻松，经常有机会参加一些行业内的活动，关键是还能借此机会外出旅行时，于是嫉妒情绪不知不觉滋生。这样一来，职员们越来越不喜欢工作，因为"馆长什么都不做就有高薪，为什么我们要累死累活"？

但是安尔莎却从不说这样的话，因为她不认为这种酸溜溜的语气能够改变自己的境遇，而且在她认为，馆长之所以能享受那么好的待遇，完全是因为他具备更好的能力，正如她在日记中所写的："你不是不服气吗？你就努力做啊，多表现自己的能力出来啊。你嫉妒别人，说明你还不行，可是，你为什么不行？你是真的不行，还是根本就没有努力过？你应该证明给你自己看。"

不去嫉妒比自己强的人，而是要努力把工作做好。明白了这一点，安尔莎更加努力地工作，没几年她就成了副馆长，馆长每次外出都带着她，有什么重要任务都交给她，她成了同事们嫉妒的第二号人物。"现在，我和馆长已成了好朋友，因为我们的专业相通，爱好也很相近，我们有很多话可以沟通，我真的觉得他是一个很优秀的人，不过，我也很棒。"

安尔莎凭借扎扎实实的工作，让自己获得了回报，而其他职员却因为嫉妒一直生活在不良的情绪里，最终也只有被这种情绪无休止地包围。

看到这里，我们还有什么理由不克制一下对他人的嫉妒情绪呢？当我们产生了对他人嫉妒的情绪的时候，不妨先想想他人成功的道理，绝大多数时候，他人获得的东西比你多，是因为他们付出的努力比你多，承受的压力比你大，担负的责任比你重，把你换在他的位置上，你未必做得好。

努力去提升自己吧，你终会发现，自己长本事比嫉妒别人的感觉舒服多了。

你的汤是冷的，请加热

> 只有把抱怨环境的心情，化为上进的力量，才是成功的保证。
>
> ——罗曼·罗兰

幸福的时刻很多，忧愁的时候也不少，现实生活并不是童话，充满了各种美好，很多时候，我们会难过，会抱怨。从少女时代到青年再到老年，每个时期的女人都不会缺少烦恼，小到长了一颗青春痘，一件喜欢的东西没买到，大到失恋，工作不顺……这些，没有什么是不能抱怨的。

然而，抱怨能给我们带来什么呢？

首先，自然是坏情绪。抱怨所能带来的最直观的东西就是持续不断的坏情绪。抱怨对于我们个人而言绝对是一种持续性的伤害，每一次的抱怨都是一个重复痛苦的过程。因此，当遭遇生活的不如意之后，抱怨并不能排解我们内心的苦痛，反而会因不断强迫自己回忆痛苦，而不断延长坏情绪对我们的影响。

然后，是人缘变差。坏的东西聚集在一起会急剧增长，抱怨也是。试想一下，如果一个人从早到晚逢人就抱怨，向别人大吐苦水，那么谁见了他能不躲啊？坏情绪就像传染病一样，别人的好心情很可能会因我们的抱怨而变得十分糟糕，甚至惹来一身怨气，如此所处的整个环境都会变得糟糕。

你知道著名的农药DDT吗？如果把它喷洒到植物上杀虫，这时，它散布到空气中还是非常稀薄。但是随着一场雨水的到来，它就被雨水从空气中带到了地面，沉积在河里，被浮游生物吸收，富集的结果浓度就增高到 1 万倍以上。之后，河里的小鱼虾吃掉浮游生物，大鱼虾又吃掉小鱼虾，人再吃这些鱼虾。最后，人的身体就富集了毒物。这时，DDT 的浓度已经悄然地发生了变化，而且这个变化让所有人都会大吃一惊：其浓度比最初空气中的浓度高出 1 千万倍。

灵修导师托勒在其著作《一个新世界》中写道："为了助人改正而告知别人的错误与缺点，不能与抱怨混为一谈。我们也不能为了防止抱怨，而容忍不良的品质和行为。告诉服务生'你的汤是冷的，请加热'——这是陈述事实，将有利于改变对方；'你竟敢把冷掉的汤端给我？'——这就是抱怨了。"

所以，如果你习惯抱怨的话，现在不妨克制一下自己的情绪，试着把抱怨转成陈述事实。只要你不说怨言，怨言便无处窜流。面对问题的时候，只有先看清问题的真相，再好好反省自己的行为，问题才能得到解决。这样一来，你会变成一个快乐的人，你的生活也必然会有想象不到的大转变。

有这样一个故事：

一位女士因为丈夫的冷淡而苦恼不已，于是常常对丈夫大吼大叫："你总是这样健忘，想不起我们的结婚纪念日""你已经很久都没有带我出去吃饭了，难道你的工作就那么忙，没有一点时间陪我？""你是人还是石头？我已经无法忍受你了！"……这样的抱怨口吻使得丈夫厌烦，对妻子越来越冷淡。

后来，她学着不抱怨，改用温和的方式跟丈夫说话："亲爱的，我知道你的工作很辛苦，我提一些无理的要求令你很不高兴。但是，我觉得有时候也应该留点时间给自己，你说呢？我们一起出去散散心，或者先去野餐，然后再随便逛逛，那该多么美妙啊！"渐渐地，丈夫也改变了冷淡的态度，夫妻俩其乐融融。

没有人会喜欢生活在抱怨之下，无论你们有多亲近。而事实上，我们总是会忽略这一点。是不是很多次，你对着外人微笑，却把抱怨留给了最亲近的人？

是不是很多次，你把宽容大度留给了外人，却对亲近之人格外吝啬？从此刻起，换一个角度，调整好心态，多给你爱的人一个微笑，一份宽容。

大学毕业后，学习法律专业的雯雯没有找到合适的工作，暂且在一家保险公司当了业务员。刚到公司上班，雯雯就发现公司里大部分人都很不敬业，对本职工作不认真，她们不停地抱怨着，抱怨工作难做，抱怨待遇太低，抱怨保险行业不景气，抱怨专业不对口……干活也提不起一点兴趣。

尽管雯雯也很认同这些观点，但是她同时也告诉自己："抱怨没有什么用，该干的活不也照样得干吗？既然能找到这份工作，就要好好珍惜，力争把它干好吧。"就这样，她把心中所有的不满都压了下去，一头扎进工作中，踏踏实实地干活。只要上司安排的任务，她都会一丝不苟地完成，没有任何怨言。

一段时间过后，雯雯与公司其他人截然不同的工作态度引起了经理的注意，在经理的特意关照和引导下，雯雯很快就掌握了推销保险的诀窍，业绩也随之突飞猛进。当公司那些喜欢抱怨的同事依旧业绩平平，每天重复抱怨生活的时候，雯雯已经后来者居上，成了分公司的地区负责人。

对于自己的际遇，雯雯心中同样也有着诸多的不满意。但她深知抱怨无济于事，只有通过努力才能真正改善自己的处境，因此，她克制自己的情绪，认认真真地做事，在工作中踏踏实实，从来没有任何怨言。最终，她取得了不俗的业绩，赢得了公司领导的赏识，获得了更多发展的机会。

请记住，永远都不要抱怨。你可以选择自己的言语，创造自己想过的生活。不抱怨是一种人生智慧，也是一种心灵修养，还是一种可以培养的习惯。当你不再以抱怨作为发泄情绪的方式时，你就走入了一个不抱怨的世界。幸福的人生就是不抱怨的人生，快乐的世界就是不抱怨的世界。

能控制情绪的女人，
比拿下一座城池的将军更伟大

一个人最难得的是平常心

> 宠辱不惊，看庭前花开花落；去留无意，望天空云卷云舒。
> ——陈眉公

世上有很多无奈苦恼的事，我们很难摆脱；世上有太多的忙碌紧张，我们无法逃避……当深陷其中时，不少女人会产生郁闷、焦虑、激愤等情绪，甚至无所适从。

如果你也是其中一位，不妨先来看一则故事：

在一个小村庄里，有一座偏僻小屋，房屋的前面有一块空地，屋里住着一对母女。

三九天里，女儿对母亲说："我们撒点草种吧！好难看哪！"母亲说："现在天这么冷，撒上草种也活不了，等天暖了，随时！"

开春了，妈妈买了一包草籽，叫女儿去播种。春风起，将撒下的草籽吹得满天飞散，女儿既着急又苦恼地跑进屋对母亲说："妈妈，草籽都被风吹走了。"母亲回答："没关系，被风吹走的都是空的，即便撒下去也发不了芽。担心什么呢？随性！"

草籽撒上了，一群小鸟飞来了，在地上专挑饱满的草籽吃。女儿看见了，大喊道："妈妈，不好了，撒下的草籽都被小鸟吃了！"母亲慢悠悠地说道："没关系，草籽多，小鸟是吃不完的，随缘！"

自律的女人，
幸福迷人地位稳

半夜下起暴雨来，女儿带着哭腔喊："妈妈，不好了，草籽被雨水冲走了不少。"母亲连眼睛都没有睁，淡然地说："不用着急，草籽冲到哪就在哪里发芽，随缘吧。"

不久，许多青翠的草苗破土而出，原来没有撒到的一些角落里居然也长出了许多青翠的小草，一片生机。女儿看到了，高兴得直拍手、跳高，母亲却面不改色地点点头，说道："嗯，随喜。"

故事中，母亲对于种下的草籽并不刻意强求，正是因为她知道，生也不足喜，死也不足悲。这是一种超脱自由的生活态度，一种内心上的安定和淡然，这位母亲的情绪看似随意，其实是洞察了世间玄机后的平常心，所以她才会时时显得从容不迫，结果更容易感受到种草籽的乐趣与意义。

为什么我们在面对环境的变化时，心境会反复震荡于浮躁、得意、狂喜、迷茫、不安、沮丧、焦虑、恐惧甚至绝望之间呢？正是因为我们缺乏一颗平常心。

平常心即是清净心，不以物喜，不以己悲；利不能诱，邪不可干；波澜不惊，无时无忧。有人说"现在人们最短缺的不是物质，而是一颗平常心"，我们暂且不判断这话的正确与错误，但拥有一颗安定平静的心，我们就能合理地控制自己的情绪，时时保持不惊不惧、不愠不怒、不暴不躁的状态。

弘一法师俗名李叔同，清光绪年间生于富贵之家，是一位才华横溢的艺术家，是名扬四海的风流才子，他集诗词、书画、篆刻、音乐、戏剧、文学等才华于一身，在多个领域开创了中华灿烂文化之先河，用他的弟子、著名漫画家丰子恺的话说："文艺的园地，差不多被他走遍了。"

但正当盛名远播，安享荣华之时，李叔同却抛却了一切世俗享受，到虎跑寺削发为僧，自取法号弘一。出家24年，他的被子、衣物等，一直是出家前置办的，补了又补，一把洋伞则用了30多年。所居房内异常朴素，除了一桌、一橱、一床，别无他物；他持斋甚严，每日早午两餐，过午不食，饭菜极其简单。弘一法师还视钱财如粪土，对于钱财随到随舍，不积私财。除了几位故旧弟子外，他极少接受其他信徒的供养。据说曾经有一次，有人赠给他一副美国出品的白金水晶眼镜。他马上将其拍卖，卖得五百元，把钱送给泉州开元寺购买斋粮。

弘一法师以教印心，以律严身，内外清净，写出了《四分律比丘戒相表记》《南山律在家备览略篇》等重要著作……他在宗教界声誉日隆，一步一个脚印地步入了高僧之林，成为誉满天下的大师，中国南山律宗第十一代祖师。正因为此，对于李叔同的出家，丰子恺在《我的老师李叔同》一文中说："李先生的放弃教育与艺术而修佛法，好比出于幽谷，迁于乔木，不是可惜的，正是可庆的。"

前半生享尽了荣华富贵，后半生却剃度为僧。这种变化，在常人看来觉得不可思议，甚至在心理上难以承受，而弘一法师却以一颗对待荣华富贵的平常心完成了转化，并且做得平心静气，淡然地享受着"绚烂之极归于平淡"的生活，最终找寻到生命最真实的姿态，收获了人生的极致绚烂。

由此可见，以平常心面对一切荣辱不是懦夫的自暴自弃，不是无奈的消极逃避，不是对世事的无所追求，而是人生智慧的提炼，是生命境界的觉悟。这需要修行，需要磨炼，一旦我们达到了这种境界，就能在任何场合下，保持最佳的心理状态，充分发挥自己的水平，施展自己的才华。

一个人，最难得的是平常心。记得台湾作家林清玄在一篇文章里有这么一段话："平常心是无心的妙用。心里想着要睡一个好觉的人往往容易失眠，心里计划着要有一个美好人生的人总是饱受折磨……唯有内外都柔软，不预设立场的人，才能一心一境，情景交融，达到一体的境界。"

我们固然不可能像佛家高僧那样进入一种忘我的、心外无物的高超境界，但我们至少可以努力去做到以一颗平常心来对待生活中的利害得失。

正如明朝学者洪应明在《菜根谭》中所说："此身常放在闲处，荣辱得失谁能差遣我；此心常安在静中，是非利害，谁能瞒昧我。"意思是说，经常把自己的身心放在安闲的环境中，世间所有的荣华富贵和成败得失都无法左右我，经常把自己的身心放在安宁的环境中，人间的功名利禄和是是非非就不能蒙蔽我了。

稽首天中天，毫光照大千。

八风吹不动，端坐紫金莲。

这是苏东坡一首意境很高的诗，在佛学上"八风"指的是称、讥、毁、誉、利、衰、苦、乐。人家称赞我，我也高兴；人家诽谤我，我也没问题；人家骂我，我都不生气，不起嗔恨心；贪嗔痴都不起了，八风吹不动了。这首诗是在赞佛，同时又暗含着作者有其超然的境界，他能跟佛陀一样境界很高，是一个顶天立地自由自主的人。

苏东坡写好了这首诗，自己反复吟诵，觉得非常满意！这时，他想起了好朋友佛印禅师来，他想禅师如果看到这首诗，一定会大大地赞赏一番，甚至会拍案叫绝。于是，他立刻把这首诗抄在诗笺上，用信封封好，叫用人送去，给归宗寺的佛印禅师看。黄州在长江北岸，到对岸的归宗寺，必须渡江。

谁知，当用人再回来时，苏东坡看到佛印禅师在诗笺上批着两个字："放屁"。苏东坡不禁无明火升起三千丈，勃然大怒起来，连喊"岂有此理"，气呼呼地雇船过江，要找佛印禅师算账。一路奔到佛印禅师方丈室来，他看方丈室的门扉上贴着一张字条，端正地写着：八风吹不动，一屁过江来。苏东坡的脸顿时涨得通红，心里暗暗叫道："我错了，看来我的修养和佛诣还是没到家。"

各位，苏东坡错在哪里呢？佛印禅师那句话，明明是警告他，你说能够不为称讥毁誉的各种境界所动，为什么竟被那区区"放屁"二字，搞到无明火起，过江和我评理呢？

平常心说起来很容易，就是不受外面环境的左右，不受其他人的影响，可以真正管理好自己，可以控制自己的种种情绪，任何时候都能做到气定心宁，闲庭信步。当一个女人拥有这个本事时，便能活得洒脱自在，也定然不会虚度那美好的幸福时光，辜负那大好的青春年华……

Chapter 3

你必须十分努力,
才能看起来毫不费力

人生中有一种落差，是你配不上自己的野心，也辜负了所受的苦难。命运厚待努力生活的女人，外人眼中的天分，往往是用更多时间的努力得来的。做一个自律的女人，放下你的浮躁，放下你的懒惰，别再傻傻等待，去努力，去争取，不要害怕辛苦。值不值，时间是最好的证明。

我们的每一滴汗水，都是对命运的抗拒

> 每个人都是自己命运的建筑师。
>
> ——克劳狄乌斯

在生物学家看来，汗水只不过是人的皮肤所分泌出来的一种代谢物，但是在人的精神世界里，汗水却是勤奋的代称。俗话说"一分耕耘，一分收获"，这其实就是把人生的历程比作了农民种庄稼，没有播种，没有付出，就不要妄图有收获；拒绝流汗，不够勤奋，其实也就把成功放在了一边。

有一个好吃懒做的中年人，整天揣着两只手东逛逛西遛遛，却又总想着发财致富，这天他来到教堂祷告："上帝啊！看在我对您虔诚的分儿上，就让我中一次彩票吧！阿门。"

几天后，他又来到教堂，同样祈祷着："上帝啊！你就让我中一次彩票吧，以后我一定更加虔诚地服从你。阿门！"

又过了几天，他再次到教堂祷告，但是头等奖都被别人给中了，压根就没有他的份儿。

又过了几天，这位中年人变得无比绝望，抱怨说："我的上帝呀！只要我中一次彩票，我愿终生侍奉您，你为什么不聆听我的祈祷呢？……"

这时，上帝发出了庄严的声音："可怜的孩子呀！我一直都在聆听你的祷告，可是，最起码你也应该先去买张彩票吧！"

自律的女人，
幸福迷人地位稳

故事中这位中年人过于懒惰，成天想着中彩票，一点也不付出，即使上帝发善心真想帮助他，也是没有办法的。

的确，一个人成功与否，固然与环境、机遇、天赋、学识等外部因素相关联，但更重要的是自身的勤奋与努力。伴随着汗水味道的人生才是充实的人生，才是有可能获得丰收的人生。那些看上去非常幸运的女人，我们往往只看到了她们成功后的笑容，却忽视了背后那些不为人知的汗水。

在不知情者眼里，马婕是一个幸运的女人。要不然，她学历一般，能力也不强，怎么能在短短三年时间里从一名文秘晋升到部门经理的位置，一路绿灯呢？只有马婕自己清楚，自己的成绩完全是因为对工作勤勉，一步步慢慢爬上去的。刚进这家公司时，只有大专学历的马婕很不起眼，部门里学历高、能力强的人才层出不穷。马婕自知没有什么优势，只有比别人更勤奋。

最初，马婕每天的工作就是整理、撰写和打印一些材料。这原本是一件很简单的工作，但是马婕却想为公司多做一些事情。由于整天接触公司的各种重要文件，又学过有关财政方面的知识，细心的马婕发现公司财政运作方面存在问题。于是，除了完成每日必须要做的工作外，马婕开始搜集关于公司财政方面的资料，有时候常常需要在公司加班。经过一段时间后，她又将这些资料分类整理，并进行分析，最后一并打印出来交给了老板。老板详细地看了一遍这份材料后，感到很欣慰。当然，为了表彰马婕的功绩，老板不仅给她加了薪，而且还提拔她为经理助理。

后来，公司的一位文秘因急事突然离职了，留下许多需要紧急处理的工作。其他同事都不太情愿接手，这时马婕主动请缨，暂时接管了下来。于是，她的工作就变得忙碌起来，除了帮助经理做好各项事务之外，她还要兼顾整理、撰写和打印材料等工作。这段时间里，马婕每天都很辛苦、很劳累，不过值得庆贺的是，她成功地完成了任务，工作能力得到了经理的高度认可和信赖。后来，公司在开设新部时，马婕直接被安排为新部经理，她的事业和生活上了一个新台阶。

马婕得到老板的重用，获得比他人更多的机会，是因为她好运吗？不！因为她勤奋，坚持勤勤恳恳地去努力，去付出。一分耕耘，一分收获，付出总有回报，这是千古不变的道理，凡是在事业上取得成功的女人总是比别人做得更多。所以，不要埋怨自己的收获比别人少，为什么不冷静想想你够勤奋吗？

我们的每一滴汗水，都是对命运的抗拒，试着忘记以下这些理由吧：

"反正薪水只有一点点，那么能偷懒就偷懒吧！"

"反正做得再多再好，好处也轮不到我，还是省点力气吧！"

也不要再自我安慰道："算了，我技不如人，能拿到这些薪水也不错了。"

人难免都会有惰性，在督促自己加快速度的过程中，会有想要停下脚步，偷懒一下的念头出现，当下心里的旁白大多是："不过就是偷懒一下，应该没有什么关系吧！"当这样的想法入侵大脑时，请提醒自己要自律，要克制。

日本 SONY 的创始人盛田昭夫曾说过这样一句话："如果你每天落后别人半步，一年后就是 183 步，十年后就是十万八千里。"这个数字是不是很惊人？

需要注意的是，一时的勤奋并不难做到，但要一生勤奋却不是一件很容易的事情。因为勤奋是一种持之以恒的精神，需要坚韧不拔的性格和坚强的意志，需要数年如一日地付出心血和汗水，时刻克制自己偷懒的思想，这一点只有超级自律的人才能真正做到，也因此能够书写下生命的辉煌。

尼可罗·帕格尼尼的奋斗史就说明了这个道理。

帕格尼尼是意大利小提琴演奏家、作曲家，著名的音乐评论家勃拉兹称帕格尼尼是"操琴弓的魔术师"，歌德评价他"在琴弦上展现了火一样的灵魂"。记者问帕格尼尼："您取得成功的秘诀是什么？"帕格尼尼回答："勤。"这里的"勤"指的就是勤奋，无论在哪里，他都是以勤奋而闻名。

帕格尼尼的父亲是小商人，没受过多少教育，但非常喜爱音乐，他聘请了

自律的女人，
幸福迷人地位稳

一位剧院小提琴手教帕格尼尼拉琴，那时帕格尼尼刚满 7 岁。在同龄人耽于玩乐时，帕格尼尼每天早上九点钟开始在家练习拉小提琴，一直到下午五六点钟才结束，他从不偷懒，勤勤恳恳，以至于就连做梦都在拉琴。就这样，帕格尼尼练就了娴熟的小提琴演奏技法，12 岁时他把《卡马尼奥拉》改编成变奏曲并登台演奏，一举成功，轰动了音乐界。

之后，帕格尼尼开始跟着许多不同的老师学习，包括当时最著名的小提琴家罗拉和指挥家帕埃尔。但他仍旧坚持每天花 12 个小时练习，所以在后来，他完成了《威尼斯狂欢节》《军队奏鸣曲》《拿破仑奏鸣曲》等六首小提琴曲，并创造了小提琴与吉他合奏的奏鸣曲，大大丰富了小提琴的表现力。之后，他往来于欧洲各地举行音乐会，也奠定了他国际演奏大师的地位。

帕格尼尼五十年如一日地勤练小提琴，他的勤奋不是一时，而是一生，他将勤奋发挥得淋漓尽致，最终浇灌了成功之花，也印证了爱迪生所说的："成功＝百分之一的灵感＋百分之九十九的汗水。"可以想象，如果心中没有一个强大的精神支柱，没有超级自律的意识，恐怕谁也坚持不了五十年。

你想成为一个出类拔萃的女人吗？你想出人头地，达到事业高峰，享受美好人生，赢取众人的羡慕和赞美吗？那么请扪心自问，你是否像尼可罗·帕格尼尼那样勤奋努力，那样流过很多汗水？现在，你应该立刻自律起来，设定目标，认真完成，勤奋、勤奋、再勤奋，去下苦功夫，去脚踏实地！

你尽全力了，才有资格说自己运气不好

> 你给自己留的退路越多，你失败的可能性就越大。
>
> ——佚名

相信很多女人对某些现象感到困惑——为什么做同样的一件事，别人做得好，自己却怎么努力都做不好？为什么自己那么辛苦，工作多年依旧默默无闻、毫无建树，有的人却成为佼佼者，不停地创造奇迹……于是，不少女人开始抱怨自己命不好，羡慕别的女人比自己运气好。

真是这样吗？我们不妨先来看一个小故事：

一个猎人带猎狗去打猎，猎人一枪击中了兔子的后腿，受伤的兔子拼命奔跑。猎人指示猎狗去追，可是猎狗追着追着，没有赶上兔子。猎狗只好悻悻地回到了猎人身边，猎人生气地骂："你真没用，连一只受伤的兔子也追不到！"

"可是我已经尽力了啊！"猎狗很委屈地说。

再说兔子回到洞里，兄弟们很惊讶地问："那只猎狗凶得不得了，你脚受伤了怎么还能跑得这么远，而且还跑得过他呢？"

"他是尽力而为，我是竭尽全力呀！他没追上我，最多挨一顿骂，而我若不竭尽全力地跑，可就没命了呀！"兔子回答道。

在上面的小故事中，猎狗因为没有抓住即将到手的猎物，受到了主人的谩骂。猎狗已经尽力而为了，他有什么错呢？但是通过后来野兔与同伴的对话，

> 自律的女人，
> 幸福迷人地位稳

我们可以领悟到：并非野兔比猎狗跑得快，而是他为了保命不得不竭尽全力地奔跑，可见尽力而为和竭尽全力的结果截然不同。

为什么尽力而为和竭尽全力的结果如此不同呢？在这里，我们需要着重讲一讲潜力。每个人都有无限的潜力存在，但大多数人只发挥了不到10%，剩下90%以上的潜力则被深藏起来，这正是尽力而为的结果。而全力以赴，则能有效激发起剩余的潜力，进而实现心中的愿望。

女人常常自卑又常常自负，无所畏惧而又畏首畏尾，坚忍不拔而又动摇屈服……于是勉励自己又给自己找好出路，宽慰自己……告诉自己，凡事尽力而为，没必要累死累活，尽人事，听天命。殊不知，尽力而为，对自己的要求不高，不利于潜能的激发，这是我们前行的最大羁绊。而且现代社会竞争异常激烈，当你尽力时，别人却在竭尽全力，你只有被淘汰的份，导致整个人生陷入困顿。

所以，不要总是抱怨自己运气不好，不妨想想你是否竭尽全力了。

每个人身上其实都蕴含着无限能量，关键是看我们能不能自律，坚持全力以赴，去挖掘属于自己的潜能。潜能挖掘得越深，激发得越多，我们便会更优秀。竭尽全力是一种积极主动的做事态度，遇到困难一般不退缩，而是想方设法去解决问题。如此，自然有利于自身潜能的开发，做得比一般人更好、更精确。

换一句话说，任何人，不管你智商高低，成功背景好坏，也不论你的愿望多么高不可攀，只要你能竭尽全力去做事情，就能充分地激发自己的潜能，使自己不断发展和进步，进而将你的希望和期待在生活中实现。一些女人之所以比别人更优秀、更成功，原因就在于此。

17岁的时候，她前往西藏阿里高原部队当兵。在最严寒的日子，连续一个月徒步行军拉练，夜卧冰榻朝饮雪汁，咀嚼干燥到令人作呕的脱水菜，随时都会有生命危险……面对这些常人难以忍受的磨难，她有过退缩，但她一直铭记教练所说："任何时候，一个军人不能有任何借口。"就这样，她一直坚持着，不仅要努力去做，而且还要竭尽全力做到最好，这一做就是 11 年。

复员后，她在北京一个夜大上课，每天坚持上课。一个狂风暴雨的夜晚，正准备去上课的她有些犹豫，还去不去？这么恶劣的天气，老师和同学还会来上课吗？她拿不准。那时电话还不普及，无法得知确切的消息。考虑了片刻，她决定还是去上课，因为她知道只要自己想去，暴风雨就不能阻止自己的脚步。为了对付狂风暴雨，她不仅穿上了雨衣，还撑开了一把伞。可是刚出门，伞就被风劈开撕成碎片，刮得没了踪影。身上的雨衣紧紧地将她拧成一团，雨水像鞭子似的抽在身上，生疼生疼的。但她没有退缩，索性脱下了雨衣，一路上近乎连滚带爬地穿过五条街，赶到了学校。等赶到学校时，值班老师感叹地说："几百名学生，只有你一个人来了，你将来会有大出息的。"

十几年后，这位女士成了文坛上一颗耀眼的明星，她说："一个人只要竭尽全力地去做一件事，不论结果如何，他都是成功者。"她就是著名的女作家——毕淑敏。无论是在严寒的西藏坚持徒步行军拉练，还是在狂风暴雨中坚持上夜校，当她竭尽全力去做的时候，对潜能进行了有效激发，也就注定了她美好的未来。

凡事仅仅做到尽力而为还远远不够，必须要竭尽全力才行。

不要再以"我尽力了，结果不理想"的借口敷衍自己，你想要出类拔萃，那就竭尽全力做事；你想获得称心如意的生活，那就竭尽全力拼搏……毫不犹豫地切除惰性，坚定不移地朝着既定的目标迈进，被动的命运并非不可逆转，只要坚守自律，就离美好的人生不远了。

南瓜是用电锯锯开的

> 释放所有的压力确实不好,应该要保持一定程度的紧张。
>
> ——宫崎骏

都市生活的激烈竞争,使诸多女性承受了前所未有的压力,这些压力来自于各个方面:工作上的、学业上的、感情上的、经济上的……于是,不少女人抱怨生活的压力太大了,还有些人情绪低落、心理焦虑,甚至感到窒息。不过,也有一些女人能够在压力之下活得轻松自在,精彩纷呈。

我们不禁要问:难道这些女人有什么异于常人的智慧?其实,她们和你我一样,都是普普通通的女人。只不过,她们自律意识强,能够勇敢地面对压力,善于把压力置于自己的背后,让其成为一种动力,迫使自己不断前进。是的,没人随随便便就能成功,成功的原动力就是巨大的压力。

一艘货轮卸货返航的时候,突然遭遇巨大风暴,众人都惊慌失措。就在这个危急时刻,老船长果断下令:"打开所有货舱,立刻往里面灌水。"往货舱里灌水?水手们惊呆了,这个时候本来就危险,怎么还能往里面灌水呢?险上加险,这不是自己给自己找麻烦吗?不是自寻死路吗?只听老船长镇定地解释道:"大家见过根深干粗的树被暴风刮倒过吗?被刮倒的都是没有根基的小树。"

水手们半信半疑地照着做了,虽然暴风巨浪依旧那么猛烈,但随着货舱里的水越来越高,货轮渐渐地平稳,不再害怕暴风的袭击了。大家都松了一口气,纷纷请教船长是怎么回事。船长微笑着回答道："一只空木桶很容易被风打翻，如果装满了水，风是吹不倒的。一样的道理，空船是最危险的，给船加点水，让船负重才是最安全的。"

空船是最危险的，给船加点水，让船负重才是最安全的。其实，人心何尝不是如此呢？心头放着一定的压力，才能砥砺出坚稳的脚步。如果像一艘空船一样完全没有负担，那么人生一场风雨就能将之彻底打倒。在生活中，在这个四周充满竞争的社会里，谁如果拒绝压力，谁就注定无法生存。

有一位哲人说过："要想有所作为，要想过上更好的生活，就必须去面对一些常人所不能承受的压力，你得像古罗马的角斗士一样去勇敢地面对它，战胜它，这就是你必须走的第一步。"车尔尼雪夫斯基也说："人最宝贵的东西是什么？是生活压力。大大小小的压力，是成功最好的动力。"

一个女人若是太幸运了，缺乏压力，就会沉于懒惰，而不知挑战人生的意义和快乐。

美国麻省的艾摩斯特学院曾经做了一个很有意思的实验：

实验人员用很多铁圈把一个小南瓜全部箍住，然后观察当南瓜逐渐长大时，能够承受铁圈多大的压力。最初他们估计南瓜最大能够承受大约500磅的压力。在实验的第一个月，南瓜承受了500磅的压力；实验到第二个月时，这个南瓜承受了1500磅的压力；当它承受到2000磅压力时，研究人员必须把铁圈捆得更牢，以免南瓜把铁圈撑开。最后整个南瓜承受了超过5000磅的压力，瓜皮才产生破裂。

最后的实验是，实验人员把这个南瓜和其他南瓜放在一起，试着一刀剖下去，看质地有什么不同。当别的南瓜都随着手起刀落噗噗地打开的时候，这个南瓜却把刀弹开了，把斧子也弹开了，最后这个南瓜是用电锯锯开的；它果肉的强度已经相当于一株成年的树干！因为在试图突破铁圈包围的过程中，这个南瓜正在全方位地伸展，吸收充分的养分，最终果肉变成了坚韧牢固的层层纤维。

假如南瓜能够承受如此巨大的压力，那么我们人类又能够承受多少压力呢？南瓜试验告诉我们，大多数的人能够承受的压力往往超过自己预期。同时也说明，只要我们积极应对，人们的承受力将会是潜力无限的。如果能够用积极的态度和行动去应对压力，就能将压力化为成长的张力。

压力不是什么大不了的事情，关键是我们如何看待。在压力面前，勇敢地去面对，并把压力化作动力，在压力的不断鞭策下，迫使自己不断前进，压力就成了成功的催化剂。一个女人要想在激烈的竞争中取胜，在方方面面做到脱颖而出，就必须学会与压力共存，化压力为前进的动力。

关颖珊大约8岁时就开始进行滑冰训练，她早上三点起床开始练习，每天坚持练习三到四小时，一直到上学时间，放学后又马上回溜冰场报到。这样高强度的训练是很折磨人的，但关颖珊深知父母都是工人，滑冰的培训费已经导致全家面临了财务困境，自己唯有努力得奖才能够宽慰父母。在这种压力下，她继续努力地练习滑冰，最终凭努力赢得了冰场上的荣耀，15岁时就成为美国家喻户晓的偶像，不仅是美国最受欢迎的花样滑冰选手，也是美国最受欢迎的女运动员之一。

然而，受欢迎后的日子其实并不如想象中那般美好，因为父母、教练、国家等赋予关颖珊的期望是参加日本长野冬奥会，并拿到一块奖牌。但此时，关颖珊正经历着生理上的变化，个子长高了，身材变得丰满，更糟糕的是她在训练中左脚骨折，必须打上石膏休养，这使得不少人不看好她，这些都让她倍感压力。但关颖珊及时调整自己，全身心地投入到训练中，"我已经为奥运会奋斗了很多年，当机会在我面前时，我只有训练，不断地训练，去赢取机会。"最终，关颖珊不仅顺利参赛奥运会，还在赛场上优雅地展示，每一次跳跃、每一次旋转，时间、力道分毫不差，她带着陶醉的微笑，完美无缺地完成了表演，并最终夺得一块银牌。

关于压力，还有一个科学又美丽的说法。在远古时候，煤和钻石属于同一种物质，但经过上亿年的时光，它们却成了两种不同的物品。那么，是什么造成的呢？是压力的作用。由于所受的压力不同，各自的转化方向也不一样，受压力小的变成了煤，而受压力大的变成了钻石。

从这个意义上说，我们需要好好感激压力。只要是自己能够承受的压力，那么就不妨在一段时间内，让压力来得更加猛烈些吧！就像铁圈下的南瓜一样接受压力，敢于负重，勇于负重，善于负重，最终因这近乎残酷的负重洗礼而变得强大，当我们如此时，自然也会成为一颗熠熠闪光的钻石。

在该奋斗的年纪，不要过早选择安逸

> 宴安鸩毒，不可怀也。
>
> ——左丘明

分享一个小故事：

一日，寒风与暖风相遇，看到路人们穿着厚实，便想比试一番，看谁能够将路人吹得脱衣。寒风得意扬扬，觉得自己使劲吹，路人肯定招架不住，便用尽全力地吹，可越是卖力，人们越是紧捂自己的衣服。吹了半天，寒风自己累得气喘吁吁，可路人不仅裹紧了大衣，就连帽子都戴上了。寒风泄气了，为刚刚的狂言感到羞愧；暖风倒是很低调，没说自己一定行，只说试试看。他轻轻地吹，在温暖中，人们似乎放松了紧绷的身躯，慢慢地还觉得有些热了，纷纷脱下了厚重的外衣。就这样，暖风赢了。

分享这则寓言故事的目的，是想告诉世间的女子：置身于寒冷的苦难中，人会不自觉地紧张和惊警，会本能地保护自己，把潜藏的伤害拒之门外；而安逸的生活，犹如那一阵暖风。很多时候，当我们习惯了一种安逸的生活，就会身不由己地沉迷其中，不知不觉地向生活举起白旗。

柳柳在上学的时候是同学中的佼佼者，学习成绩好，而且长得漂亮。大学毕业时，说起职业目标，她说自己想要做行政，因为这是一个相对稳定的、压力小的、清闲的工作。尽管当初应聘时被单位告知销售薪资最高，有提成，有晋升为经理的可能，转到行政部、项目部也很简单，柳柳依然没有改变自己的选择。就这样，柳柳如愿过上了朝九晚五的"白领"生活，整天坐在宽大明亮的办公室里，不用风吹雨淋，有大把大把的时间花在打扮、交友、恋爱上，日子过得不亦乐乎。

可这样的日子持续了两三年，柳柳就开始整天抱怨自己的工作，赚钱少，升值机会小，发展难，抱怨自己混得不好，过得没意思。有人问她有没有想过换一种生活，她点点头又摇摇头："每天都想，可是怎么换呢？毕竟这份工作很稳定，有保障，而且别的工作太有挑战性了，恐怕我也吃不消！"

后来单位因效益问题准备裁员，柳柳的名字很不幸地就在裁员名单上。

这些真实鲜活的例子背后，是无数人热衷追求的职业目标——稳定。如果你是一个女生，从别人嘴里听到这个词的概率会更高。不幸的是，无论是"稳定"的工作还是"安全"的饭碗，都是存在于大家头脑中美好的愿景而已。世界上没有一份绝对安全、绝对稳定的工作，这是每一个人都应懂的道理。

所谓的稳定，不过是一种假象。例如，多少人曾经历过国企转型和部委改革的阵痛，几十年的铁饭碗一夜之间被打破，那些兢兢业业工作的人抑制不住地哭了，因为比没有工作更可怕的就是失去一份工作。人们追求"安全感"的原因是规避风险，害怕损失，可实际上，往往越担心损失，损失就越多。

如果你还年轻，那就不要在最有能力奋斗的阶段选择安逸，否则你就会把自己置于不可知的未来洪流当中。作为一个女人，即便你想找一份"稳定"的工作，你至少也要保证这份工作是你喜欢且愿意为之学些东西的，这样在稳定之余，你至少还在进步，还能因为内心的喜爱而专注地研究和学习。

四十多岁的王女士经营着一家大型服装厂，开着宝马，住着别墅，俨然是众人眼中的女强人。更令人艳羡的是，她的生活十分有情调，经常和朋友们吃饭、喝茶、聊天，每年还会出国旅游一两次，赏遍人间美景，饱尝珍馐美味。

自律的女人，
幸福迷人地位稳

每当人们说王女士命真好的时候，她都是微微一笑，然后摇摇头。因为她知道，今天幸福的生活不是自己命好，而是自己年轻时努力挣来的。

王女士原本是一家服装厂的办公室内勤，做的是一些业务资料整理的简单工作，工资稳定，也不辛苦。但后来，她意识到做内勤太安逸了，于是向领导申请调进了市场部。市场开拓不是一件容易的事情，而是充满了挑战性，赔笑脸、陪吃陪喝更是常有的事，但她知道，自己将来也希望开一家服装厂，只有在市场部才能了解业务、熟悉流程，虽然辛苦，但却能最大限度地提高自身的能力。

为了学会市场营销的基本常识，王女士在三天之内自学几十万字的材料，让自己在三天之内从一个门外汉变成一个行家；为了多争取一个客户，她骑着电动车，走街串巷，一家一家地敲开了各个服装店的大门，吃闭门羹、挨白眼成了家常便饭；为了签下一个大订单，自己一个人在他乡，冒着被偷被抢的风险，租住在偏僻的城中村，看着别人世界中的团圆，装饰着自己的相思梦……精诚所至，金石为开，王女士的栉风沐雨终于换来了回报，她的业绩一路飘红，从销售精英、销售主管，再到销售部经理。

事业正值顺风顺水之时，王女士毅然辞职，成立了一家新的服装公司，组建了一支由20多人组成的创业团队。跑市场、跑融资、找合作伙伴，她将工作到晚上12点钟称为"习惯"，经常加班到凌晨3点。"你自己是老板了，那么累干什么？"每当有人这样问时，王女士都会说："累是肯定的，但现在年轻，累就累吧，现在累是为了以后不累。"正是带着这种吃苦的精神和忘我的工作热情，王女士的公司获得了可喜的发展，她个人所获得的资产高达千万，足以支撑她后半辈子的惬意生活。

王女士的成功取得了让人望尘莫及的荣耀，正是因为她在年轻的时候努力奋斗，自律地要求自己，睡得比别人晚、起得比别人早、跑得比别人卖力，毅然站在前进的路上，做着坚韧上进的自己，进而为事业和家庭打下了坚实的基础。

如果老天对你百般设障，请不要磨灭向前奋斗的勇气；如果老天善待你，给了你优越的生活，更不要收敛自己的斗志。青春除了用来享受和挥霍，还要用来思考和奋斗。所以，请不要在该奋斗的年纪选择安逸。既然梦想成为那个别人无法企及的自我，那么就应该付出别人无法企及的努力。

请相信，你一定值得过上更好的生活。

有些事，没有想象中那么难

> 恢弘志士之气，不宜妄自菲薄。
>
> ——诸葛亮

若问人生有什么目标、人生有什么意义，最科学的回答是：成就自我。成就自我是指人通过表现自己的才能，发挥自己的潜力，实现自己的价值，从中获得满足感。每个女人都渴望成就最好的自我，但并非人人都能成功。那么，究竟如何才能成就自我呢？方法莫过于"自律"二字。

谁也不能随随便便成功，它来自彻底的自我管理。如果一个人不能自我管理，总是随心所欲地做事，不受任何的限制，这样肯定是不能成就自我的。正如诙谐作家杰克森·布朗所说："缺少了自律的才华，就好像穿上溜冰鞋的八爪鱼，眼看动作不断可是却搞不清楚到底是往前、往后，或是原地打转。"

科比·布莱恩特是NBA最好的得分手之一，突破、投篮、罚球、三分球他都驾轻就熟，几乎没有进攻盲区，曾创造了单场比赛81分的个人纪录。除了疯狂地得分外，科比的组织能力也很出众，经常担任球队进攻的第一发起人。另外科比还是联盟中最好的防守人之一，贴身防守非常具有压迫性。

有记者问科比："你为什么能如此成功呢？"

科比反问道："你知道洛杉矶凌晨四点钟是什么样子吗？"

记者摇摇头："不知道，那你说说洛杉矶每天早上四点钟究竟什么样儿？"

科比挠挠头，说："满天星星，寥落的灯光，行人很少。"

说到这里科比笑了，"究竟什么样，我也不太清楚。但这没有关系，你说是吗？每天洛杉矶早上四点仍然在黑暗中，我就起床行走在黑暗的洛杉矶街道上。一天过去了，洛杉矶的黑暗没有丝毫改变；两天过去了，黑暗依然没有半点改变；十多年过去了，洛杉矶街道早上四点的黑暗仍然没有改变，但我却已变成了肌肉强健，有体能、有力量，有着很高投篮命中率的运动员。"

看到了吗？每一个优秀的人都不是与生俱来带着光环的，也不一定是比别人幸运，而是他们能对自己有所要求，并能严格地遵守着自律的原则！换句话说，如果我们能够坚持自律的生活，严格的自我要求，学习，看书，早起，健身，跑步，背单词，等等，任何事情，都不会像想象中那么难。

琳琳，一个35岁的单位职员、5岁孩子的妈妈，去年报考了某重点大学汉语言文学专业的研究生，结果以高分优势获得第一名的殊荣。身边的朋友都羡慕不已，纷纷赞叹琳琳真是运气好，并由衷地感慨，琳琳一边忙于工作，一边照顾孩子，居然还能成功考研，这真是太不可思议了。其实，当初好友拉琳琳报考硕士研究生时，琳琳几乎没有勇气去报名，因为觉得自己不可能做到。再三权衡，琳琳意识到如果以当前的文凭工作下去，工资不高、提升无望，内退后，几百元钱的退休金就是未来的生活，如果考研，虽然有风险，但毕竟有希望，路会越走越宽。

人生能有几回搏？琳琳报名后立即在网上买下了一大摞参考书，加上各科目的复习题目、备考笔记、历年真题，那真的不是闹着玩的。不过，琳琳给自己制订了严格的复习计划，一个月掌握一本参考书的精华，真题做一遍不够，就做第二遍……这种一边工作一边考研的生活，最大的难题无疑是时间不够用。为此，当别人早早卧床抱着电脑刷剧时，琳琳却坐在桌前拿着试题不断刷题，一直学到12点左右；早上5点的时候，当老公和孩子早上还在梦乡时，琳琳已经开始起床默背英语。每天只睡 5 个小时，上班的时候她还得集中精神保证不能出错，确保自己复习的节奏不被打乱。

很多时候时间会冲突，比如琳琳几乎每个月都需要出差一两天，这让琳琳知道如何去安排利用自己的时间。比如上下班在公交地铁里的时间、上厕所的时间，琳琳都会充分利用起来，背几个英语单词，回想一遍做过的习题，等等，从不停歇，没有休息，没有娱乐。日复一日，一直持续了三百多个日夜，最终琳琳如愿以偿。当有人问起考研的经历艰难不艰难时，琳琳这样回答："尽管那是一段不分日夜、废寝忘食的日子，但当你按照计划一步一步走时，心是笃定的，便不觉得难。"

没有强大的自制力，是不配谈理想的。

衡量一个女人优秀与否，并不只是看她自身具备什么样的才华，还要看她能在多大程度上克制自己。有些事情并没有想象中那么难，用坚定的意志把握住自己，各方面严格要求自己，时间长了，自然就会成为一种固定的习惯，一种生活方式，那么便能妥善地去完成，有条不紊地去执行。

例如，你想要提高你的英语水平，你不能告诉自己说："我要提升我的英语水平"，你应该给自己设立一个明确的计划，试着将事情进行细化，每天做 10 道听力练习题，5 道阅读题，每天学习的英语单词和句型要准确无误地记住等。然后分步骤去实施，步步落实，你将发挥出比任何人都强大的自律力！

在这一方面，美国著名作家赛瓦里德说过这样一段话："当我打算写一本 25 万字的书时，一旦确定了书的主题和框架，我便不再考虑整个写作计划有多么繁重，我想的只是下一节、下一页甚至下一段我该怎么写。在六个月当中，除了一段一段开始外，我没想过其他方法，结果这本书就水到渠成地完成了。"

那么，你准备好了吗？

喜欢的就要拥有,不要害怕辛苦

> 选择你所喜欢的,爱你所选择的。
> ——列夫·托尔斯泰

莎士比亚的悲剧《尤利乌斯·恺撒》里有这样一句台词:"亲爱的布鲁图,真正该责备的,并非宿命,而是我们自己。是我们自己决定了我们只会是微不足道的人。"

无数事实在验证着这个观点,决定一个女人是平庸还是不凡,不是你的出身,而是你的渴望。也就是说,你现在的处境和状态怎样并不要紧,关键是你内心渴望成为一个什么样的人,渴望拥有怎样的生活。你的渴望会激发出你的力量,它决定着你人生的坐标,促使你采取行动。

每个女人都有愿望,为这些愿望努力争取和奋斗了,才能实现和拥有。

20世纪70年代时,美国的种族隔离制度依然盛行,生活在伯明翰的黑人女孩赖斯跟随父母到首都华盛顿参观白宫,却因肤色被拒,她由此了解到:黑人是劣等人,生命一文不值,生活中充斥着不平等、屈辱和恐惧,但不幸中的大幸是赖斯不认输,她平静地告诉父亲:"我现在因为肤色而被禁止进入白宫,但总有一天我会在那里。"

开明、智慧和勇敢的父母十分赞赏女儿的勇敢志向,在父母的教育下,赖斯认识到:所有人都是平等的,谁也不应该由于他们所属的种族而受到歧视或

自律的女人，
幸福迷人地位稳

者偏见。任何人的价值都不是通过肤色或性别来决定的，而是通过个人的自身成就。每个人的幸福都是由自己创造的，只要你敢于挑战自己和命运。

为了实现"赶在白人的前头"这一目标，赖斯数十年如一日，以超出他人数倍的勤劳发奋学习，积累知识，增长才干。26岁时她成为斯坦福大学的讲师。1993年，她出任斯坦福大学教务长，是该校历史上最年轻的教务长，也是该校第一位黑人教务长。不过，年轻的赖斯没有就此止步，在2000年美国大选时，她始终担当小布什的"女军师"，为其出谋划策，并最终出任美国国务卿，入驻白宫，她是美国历史上第二位女国务卿，首位黑人女国务卿。

赖斯是一个伟大的女性人物，她的出身并不好，还面临着种族歧视，她之所以能从平庸走向卓越，也没有特别的成功秘诀，只是对于她想要的，她一直努力争取，并为之奋斗。这种强烈而充满自信的斗志，这种敢于挑战自我的行为，使她走向了成功。

不要去羡慕别人做过什么事，也不用迷茫，你只需要做好你想做的事，用心去做，努力争取。只要你去做了，就会有收获。你越努力，收获越多。

YY来自西部山区一个偏僻农村，她家境一般，却生性好强，一直想成为一名大学教师。大学报到时辅导员把女生召集在一起，问谁觉得自己有能力担任军训期间的负责人，YY第一个站出来推荐自己。军训期间，YY尽可能地为班级为同学服务，也与班上的同学渐渐熟悉起来。一个月的相处让大家对YY有了更深的了解：做事认真，责任感强，为人亲和……于是，军训标兵就落在了YY的头上，接下来的选举YY又成了班长，她对班里的事情很上心，从不等着别人来催。

后来，YY去学生会面试，她被淘汰了，但是YY没有放弃，她发短信给学姐询问自己落选的原因，并且很诚恳地表达了她很期待能在学生会工作的意愿。学姐觉得这样的学生应该会很努力，最终破格录取了她。而YY也没有让学姐失望，在学生会的工作中，不管小事、大事都认认真真地做，进步很快。大二她成了部长，大三成了独当一面的主席。最后，凭借着个人出众的能力，YY完成了留校任教。当别人四处找工作时，她已经顺顺利利开始任教。就这样，YY成了学弟学妹们口中好厉害的学姐。

　　在这期间，YY付出的努力是显而易见的。由于攻读的是汉语言文学专业，求学期间，YY除了上课和日常事务之外，几乎天天"泡"在图书馆阅读国内外的名著，基本上每天的阅读量都保持在8万~10万字。任教后，更是利用周末的时间在图书馆"进修"。在阅读与思考的过程中，她细细品味其中的精髓，模仿借鉴对自己有帮助的表达方式与论证逻辑，不仅在校内的核心期刊发表论文，还两次受邀参加省级学术会议，多次被评为"省级优秀教师"。谈到自己的经历，YY娓娓道来："越努力越幸运，事在人为，要让别人看到你发光的一面，别人才能对你刮目相看。所以，关键还是自己要有能力有资本，唯有努力改变可以改变的，我们才能变得更好。"

　　每一个幸运的现在，都有一个努力的曾经。想要幸运，只有努力。许多时候，我们努力不是为了证明自己可以过得比别人好，而是为了证明自己想要的东西，通过我们自身的努力可以得到，而且比预期的还要丰盛。所以，你喜欢什么，那就要拥有它，努力去争取，不要怕辛苦！

　　人生很短，我们没有时间用来拖延；人生也很长，努力永远都来得及。

你是谁不重要，重要的是，你和谁在一起

> 成功来自于85%的人脉关系，15%的专业知识。
>
> ——卡耐基

在人际交往中，不少女人因为感性，喜欢局限于喜欢的人、有共同语言的人。这种做法无可厚非，有古话说"道不同不相为谋"，又说"燕雀安知鸿鹄之志"，这都是指意见、理想或志趣不同的人是很难共事的，不能勉强。但请注意，这样的做法往往不够理智，很容易导致你自身发展受限制。

俗话说"人脉就是钱脉"，这话一点儿都不假。在这个社会上，女人想要有一番作为，拼劳力肯定是不行的，必须得拼巧力，拼头脑，拼信息。谁掌握无限的信息，就意味着掌握了无限的财富。而信息主要就是来源于人脉网络，换言之，你的人脉有多广，你能抓住的发展良机就有多多。

大学毕业后，苏倩倩顺利进入一家国际大牌化妆品公司工作。由于苏倩倩为人聪明，又敢想敢拼，很快就得到了部门经理陆海清的提拔，做了她的私人助理。虽然苏倩倩获得了陆海清的提拔，但从个人角度上来说，苏倩倩总觉得陆海清没有什么才华，为人也没什么魄力，处事更是不够雷厉风行。虽然公司里上上下下的人都和陆海清关系很好，也很尊重她，但苏倩倩心里却不以为然。

有一次，公司把一个宣传活动的策划全权交给了苏倩倩负责，苏倩倩知道公司近来打算开一条化妆品副线，这次让她来做这个活动，就是为了考察她的

能力，如果这次活动能漂漂亮亮地完成，让公司满意，那么她就有机会成为这条副线的负责人。为了办好活动，苏倩倩做了很多准备工作，在活动举办前夕，苏倩倩收到消息，国内一个非常知名的男明星正巧在活动举办的那天下榻活动举办宴会厅所在的酒店。苏倩倩顿时灵光一闪，如果能请这个男明星到宴会厅露个脸，即便什么都不做，必然也会壮大这场活动的声势。有了这个想法之后，苏倩倩就赶紧行动起来，托人查到了男明星经纪人的航班号。虽然苏倩倩顺利"堵"到了男明星的经纪人，但对方却说什么也不愿意安排这件事，强硬而果断地拒绝了她。

无奈之下，苏倩倩只好放弃，但此时上司陆海清出现在了机场。原来陆海清和这个男明星的经纪人是老朋友了，特意来接机的。在得知苏倩倩的想法后，陆海清就和经纪人提了一下，没想到这位经纪人想也没想就答应了下来。苏倩倩怎么也没想到，自己苦口婆心地说了许久，恨不得要跪下磕头了，却比不上陆海清轻描淡写的一句话，就顺利帮她请到了这个男明星。

很多时候，哪怕你舌灿莲花，雄辩滔滔，也未必能成功促成一次商谈。可这个时候，如果能有一位关键的人物出来帮你，开句"金口"，这事十有八九就成了，这就是人脉的力量。所以，我们经常看到他人费了九牛二虎之力都无法解决的问题，那些人脉丰富的女人轻轻松松就能搞定。

别觉得利用人脉好像就意味着"走后门"，你想想，假如你面临着很多选择，这些选择能让你得到的好处都差不多，开出的条件也都差不多，你无论选择谁其实都是可以的。那么这个时候，其中有一个人和你是有交情的，或者那个人与你有着某些复杂的关系，可能存在一些附加价值，你会怎么选择？毫无疑问，肯定选择有交情、有附加价值的那个呀！既然选哪个都一样，为什么不卖个人情，讨个好呢？

所以说，人脉的积累不是为了"开后门"，而是为了让你的资本更加雄厚，

自律的女人，
幸福迷人地位稳

更进一步增强你的"战斗力"。这个社会就是由人来构成的，而之所以能构成一个完整的社会，就是因为人与人之间有着各种各样的联系，这些联系把人和人紧密地"捆绑"在了一起。而人脉，就是要加强这种联系，拉近你与更多人的距离，让自己的"阵营"更强大，从而能攫取到更多的资源和财富。

是的，每一个伟大的成功者背后都有其他成功者的支持。没有人可以自己一个人达到事业的顶峰。假如一个女人决心成为出类拔萃的人，千万不能忽视人脉。在我们身边，有不少聪明女人就是依靠有意识地与人交流，把自己的人脉圈不断扩大，从而抓住机会，使自己走向成功。

殷澜曾在美国留学五年，工作三年，回国后她放弃了年薪50万的工作，成立了一家国际教育咨询公司，并将事业经营得红红火火。别人向殷澜请教成功秘诀时，她总是感慨地说道："你是谁不重要，重要的是，你和谁在一起。我的事业之所以如此顺利，那是因为我认识很多朋友。开公司、介绍推荐客户和业务等，各种朋友都会照顾我，帮助我，有什么生意都会马上想到我。"

最初到美国留学时，殷澜不喜欢美国学生的疯狂和自我，她很少跟美国同学交往，她的生活范围大多在唐人街，她的交际圈子也几乎在华人圈。这样的生活过了有一年左右，殷澜发现自己过得很孤单，在朋友中不受欢迎，甚至连英文都说不好。这样的留学有什么意义呢？认真思索一番后，殷澜决定积极地融入美国社会，她开始有意识地接近她的美国同学，尽量让自己习惯他们的生活方式，寻找机会参加他们的聚会。殷澜还经常在自己租的房子中举办聚会、狂欢派对，在聚会中，她和同学们畅所欲言、激烈争论，渐渐拉近了和同学的关系。经过殷澜的不断努力，她的美国同学们从排斥她，到慢慢地接受她，到最后非常喜欢她，她的英文也快速地提高，而且毕业时她在一位美国朋友的介绍下，进入了一家著名的美国公司实习。凭借自身的努力和良好的人脉，殷澜很快就跻身于美国的主流阶层，过上了富足的生活。

在美国的时候，殷澜经常会问候家乡的同学、朋友，保持联系。后来听一位大学朋友说，母校准备举办百年校庆，于是殷澜请了假，回国参加这次活动。在这次活动中，殷澜认识了给予自己职业生涯帮助巨大的几个朋友，并了解到，随着经济的发展，人们对教育的渴求不断加深，出国留学已经成为一种趋势，于是她火速回到家乡，开始着手成立这家国际教育咨询公司。其间，由于多年积累的人脉，殷澜得到了许多朋友的帮助，有人帮她做广告宣传，有人帮她介绍生意，还有一位朋友曾在一家留学中介公司任主管，提供了大量宝贵的经验，这使得殷澜少走了不少弯路，很快就在这个行业立足了。

一个人要想让自己强大起来，有两个办法，一是努力地提升自己，让自己不断地成长，能力越来越强；二是拥有广泛的人脉。一个女人的人缘越好，人际关系越和谐，获得发展的机遇就越多，这就是人脉的魅力。

有意识地去经营你的人脉吧，总有一天你会发现，它带给你的远远比你付出的更多。

自律的女人，
幸福迷人地位稳

在竞争中永远进取，永不停息

> 在人类生活中，竞争心是具有重大意义的东西。
> ——普列姆昌德

你喜欢竞争吗？

听到这个问题，相信绝大多数的女人会撇嘴。的确，没有人不害怕竞争，这是人趋利避害的本能反应。面对利益上的你追我赶，荣誉面前的你争我抢，此时不少女人的内心平衡会被打破，产生畏惧、逃避、怨恨等心理。尽管是人之常情，但这种狭隘的思维方式，对我们自身有百害而无一利。

我们先来看一则故事：为了吸引更多的游客，动物园从遥远的美洲引进了一只非常勇敢凶悍的美洲豹。但是，尽管有精美的饭食，干净的生活条件，这只美洲豹却整天无精打采。动物园的管理员以为美洲豹生病了，请来兽医多方诊治，可是没发现美洲豹有任何毛病。就在这时，有人提议不如在美洲豹生活的领域放几只老虎。原来人们发现，每当有运送老虎的车辆经过时，美洲豹就会站起来怒目相向，严阵以待。这个办法果然很有效，老虎的"入侵"唤起了美洲豹的竞争意识，它试图和老虎一比高下，很快就打起了精神，恢复了往日的活力。

一个女人如果不参与竞争，没有竞争对手，自己又不自律，缺乏上进心，那么她就会甘于平庸，养成惰性，最终庸碌无为，就像故事中的剑齿豹那样失掉竞争和生存的能力。而一旦有了竞争就不一样了，我们会时刻督促自己不松懈，时刻有无穷的动力，让自己保持在最佳状态。

我们正处在一个快速发展、不断变化的时代，在激烈的竞争中，不是选择向前进取，就是落得出局。竞争的意义就在于，你要想比别人跑得快，就要付出更多的努力，否则就只有等待被淘汰。在竞争中你必须自律，必须自觉地去努力，很多时候这就是赢取成功的关键所在。

林琳，是一位美丽而坚强的女性，也是一个身家过亿的女强人。她之所以能够取得如此显著的成就，与她的个性密不可分，任何具有竞争性和挑战性的工作她都喜欢。她先后涉足过广告、汽车、药业、能源等行业。行业内人才辈出，林琳时常需要和竞争对手们抢客户、抢订单，有时节假日都不休息。很多人说女孩子没必要这么好强，但林琳却说，这样的生活很有意义，每战胜一个对手，自己就前进一步，自己的成长也正是得益于对手的激励和逼迫。

后来林琳投身到蓬勃发展的房地产行业，当公司定出每年的销售任务目标后，林琳不会按照公司定的销售任务来要求自己，而是暗自将自己的砝码再加上一些，其任务总量要远远大于公司所规定的任务目标。例如，公司规定每位销售员的季度业绩需达到100万，林琳就把自己的季度业绩目标定为120万。别人问及原因时，林琳给出的回答是——"每个同事都在努力争取100万的业绩，如果我做到了，那也只是刚刚及格。要想比别人优秀，就要比别人多做出一些业绩才行。"当林琳一直向着心中制定的销售目标奋斗时，她就会比别的同事更努力，付出的更多。一分耕耘一分收获，如此林琳总能使自己的业绩超额完成，屡屡打破纪录，最终使自己由业务员到主管，又由副总裁到总裁。

面对竞争，最好的做法就是敢于迎接挑战、积极备战。林琳不仅是这样做的，她还主动创造了竞争，并凭着这种爱拼、敢拼的精神，实现了自己的人生价值，赢得了别人的敬重。由此可见，对于一个想有所作为的女人来说，她们会将竞争当作自己不断努力的动力，无所畏惧地参与竞争，让自己保持强烈的进取心，积极主动地做事，进而激发出自己最大的潜力，做一个更优秀的自己！

喜欢下棋者，要找一个水平相当的对手，才能杀得酣畅淋漓；酷爱打球者，要找一个球技不相上下的对手，方可尽兴过瘾。生活需要竞争，人生需要对手。

在竞争的过程中，除了注意自己的速度外，还得注意竞争对手的速度。因为有时候我们慢，不是因为我们不快，而是因为对手更快。比如短跑，第一名与第二名之间，有时仅相差不到一秒；又比如赛马，第一匹马与第二匹马之间，有时仅仅相差半个马鼻子……虽然差之毫厘，但结果却有着天壤之别！众所周知，冠军与亚军所获得的荣誉与财富绝对有明显差距。第二名实力并不差，但现实总是无情的，能被群众记住的，往往只会是第一名。

在这里，我们不妨将人与人之间的竞争视为一场长跑比赛，比赛枪声响起时，所有参赛者一同离开起跑线，难分先后，但到了中途就拉开了差距，要想不落于人后，乃至取得比赛的胜利，最好的方法就是跟好前面的对手，慢慢地和他并驾齐驱，然后在恰当的时候突然加速超越他，再跟上另一位对手，找时机超越。如此不断，你即使拿不到冠军，也不至于被很多人甩下。

也许，你在竞争中已经感到很疲惫，甚至觉得自己的力量已经发挥到极限，忍受着孤独寂寞，承受着身心的压力……但这种痛苦实际上正是提高和完善自己、充实和丰富人生的过程。在自律下竞争，在竞争中自律，时刻鞭策自己，永远进取，永不停息。信守这个道理，你就会是最大的赢家。

人生要么是一次冒险，要么什么都不是

> 人生舞台的大幕随时都可能拉开，关键是你愿意表演，还是选择躲避。
>
> ——莎士比亚

一天，有人问农夫是不是种了麦子。

农夫回答："没有，我担心天不下雨。"

那个人又问："那你种棉花了吗？"

农夫说："没有，我担心虫子吃了棉花。"

于是，那个人又问："那你种了什么？"

农夫说："什么也没有种，我要确保安全。"

在现实生活中不乏像农夫一样的女人，她们内心不够强大，为了维护自身安全和既得利益，不愿意去学习，不愿意去改变，不敢去做尝试，不愿意去冒险。而这种行事风格，难免畏首畏尾，限制自身的发展，到头来什么也没有，什么也不是。难怪有人说："人生最大的冒险，就是不敢冒险。"

当我们敞开胸怀选择去爱一个人的时候，我们有可能会面临对方不爱自己的结果，我们有可能会面临争执、分歧、误解，甚至欺骗、谎言、背叛，那我们就把自己的心门锁上、就选择不爱了吗？

当我们进入一个新的工作环境或工作岗位，我们可能需要学习一门新的技

> 自律的女人，
> 幸福迷人地位稳

能，面对陌生的同事和团队、持续的磨合，可能会让我们有一定的挫败感，但这样我们就永远不在工作上做出任何改变了吗？

……

很多事情，我们之所以没有做成，不是因为我们能力不够，而是连尝试的勇气都没有。所以，如果你想成为一个出类拔萃的优秀女人，如果你想赢得人生的幸福、自由、成功以及种种美好的东西，那么就不要让未知的恐惧阻挡你的前进，不要等外界推动而被动地前进，你必须先下手为强。

那些成为领袖的女性，她们之所以有与众不同的魅力，之所以能够成为顶尖人物，不只因为她们有很强大的能力，还因为她们有很强大的内心，清楚地知道自己在做什么。为了达到目标，她们敢于尝试接触新事物，大胆探索新东西，勇于面对风险，并且愿意承担责任。

卡莉·菲奥莉娜大学期间修读中世纪历史和哲学，毕业后她原本可以留校任教，安安稳稳做一名教授，但她却选择进入AT&T从事不起眼的秘书工作。这些工作与她的专业并不吻合，尤其是惠普是一家以技术创新而领先的公司，而当时惠普的发展前景并不乐观。身边的朋友们都说这太冒险了，但菲奥莉娜的理由是，如果选择留校任教的话，一辈子很可能就平平淡淡地过去了，惠普的工作却充满无限可能。为了适应工作的要求，菲奥莉娜总是非常关注技术行业，并重视经验的积累、能力的锻炼，不断地体会、总结更好的工作方法和提高效率。

当惠普的业务面临"瓶颈"的时候，凭借着敏锐的洞察力和多年的工作经验，菲奥莉娜开始投身AT&T的销售电话服务，积极拓展公司的国际业务，并于1995年成功促了AT&T分拆朗讯科技，2001年又促使惠普与康柏公司达成一项总值高达250亿美元的并购交易。当时康柏的业务糟糕得一塌糊涂，而且与惠普的产品大同小异，许多董事们都不赞成这个并购计划，但菲奥莉娜认为康柏和惠普互补的部分比重复的部分要多，她就是要往前冲，抢占市场、占领地位，把惠普的地位再提高。最终，她带动了惠普的艰难转型，从男性主宰的权力世界中脱颖而出。

对于自己的成功，菲奥莉娜曾这样总结说："我是个女人，而且是个敢作敢为的女人，我人生每一次的进步，都是因为冒险之心蠢蠢欲动，然后我遵从这股冲动去做，才有了更丰富的人生体验。"

成功，是人生路上的美丽花朵，它通常不会长在路边，最美丽的花往往是开在充满荆棘的深谷里。如果没有冒险精神，永远只能看到路边的野草。事实上，当我们把自己从胆怯和懦弱的思想中解救出来，具备独立自主、敢于冒险的精神时，不论最终的结果是成功还是失败，得到的都将是整个世界。

一本杂志上曾刊登过这样一个故事：

一位四十出头的女士被医生告知患了癌症，最多还能活3年。她为了不虚度自己最后的时光，放弃了在医院缓慢治疗的方案，制定了一个"3年要做10件事"的计划，她要完成在以前的人生里不敢去挑战的事情，其中包括高空跳伞、草原探险、攀登高峰等。

接下来，她走出了以往无聊且平庸的日常生活，摆脱了被现实绑架的弱小自己。她去跳伞，感受到了不一样的天空；她走进动物的世界，感受最亲近的自然；她在珠穆朗玛峰脚下，感受雪山的无穷魅力……尽管年老体衰，尽管时日无多，但她一路潇洒放纵，没有浪费光阴，相反，用最短的时间丰富和充实了整个人生。呈现在她身上的那种自信、气质和智慧，美丽动人。

到了距离3年期满的时候，这位女人的心愿全部达成了，于是她带着家人来到医院，准备安静地迎接最后的时刻。可是医生欣喜地告诉她：癌细胞并没有恶化，她可以继续活下去！她是"继续"活下去吗？不是。她是活出了另外一种人生，一种她以前想过无数次，却没有勇气尝试的人生。

自律的女人，
幸福迷人地位稳

  是对未知的恐惧，害怕潜藏的危险，还是安于稳定的生活，放弃追求？你的选择，决定你的命运。从现在开始，用勇气代替懦弱和恐惧，用主动出击替换等待和退缩，勇敢踏出每一步吧，让未来现在就来。

Chapter 4

我们走过的泥泞,
总有一天会变成一条美丽的路

人生，总有风雨相伴，总有崎岖不平，总有月圆月缺。严格自律的女子都是见过世面的，有能力看遍世间繁华，也有能力承受人生风雨。让脸始终朝向阳光，让心在历练中坚强……总有一天，你受的苦，担的责，扛的罪，忍的痛，到最后都会变成光，照亮你的路。

什么苦难都挡不住一颗上进心

> 世界上最快乐的事,莫过于为理想而奋斗。
>
> ——苏格拉底

生活是什么模样的呢?总结起来就是两种表象——苦与乐。什么又叫作苦与乐呢?一般说,身心适悦的感觉叫乐,身心苦恼的感觉叫苦。假如问道:"喜欢乐的人请举手!"相信绝大部分女人都会举手;但再问:"想吃苦的人请举手!"恐怕没几个女人举手。哪个女人不愿生活在蜜水中,享受甜美生活呢?

但是生活有甘甜就有苦涩,有快乐就有忧愁,有欢乐就有苦楚,生活对辩证法做了最完美的解释。它赐予我们的总是亦甜亦苦,苦中有乐,乐里有苦,每一个女人都不例外。"祸兮福之所倚,福兮祸之所伏,孰知其极?"这是广为流传的一句名言,指福与祸相互依存,可以互相转化,苦乐也是一样。

有一个小和尚刚出家的时候,被住持安排做行脚僧。小和尚每天都下山化缘,回来还要念诗诵经,自是辛苦劳累。一年多过去了,小和尚觉得自己太辛苦了,有一天偷起懒来,躲在房间里睡大觉。

不料,住持发现了这件事情。小和尚一开始有些害怕受到住持的责骂,但事到如今,他决定将自己的委屈说出来:"我刚剃度一年多,就穿烂了这么多双鞋子,可是别人一年一双瓦鞋都穿不破!"

住持没有责骂小和尚,而是微微一笑说:"昨天下了一夜的雨,我们到外面

自律的女人，幸福迷人地位稳

去走走吧！"于是，两人一同走到寺庙的前面，停下脚步，眼前是一段黄土坡，路面在昨夜雨水的浸泡下显得泥泞不堪。

住持摸了一下花白的胡须，问道："你昨天下山去化缘，是不是在这条路上走过？"

小和尚回答说："嗯，是的！"

住持接着又问："那你还能找到自己的脚印吗？"

小和尚挠了挠脑袋说："不能，昨天白天没有下过雨，这条路又干又硬。"

住持说："要是今天我们在这条路上走一趟，你能找到你的脚印吗？"

小和尚回答："呵呵，当然能了！"

住持听后，拍了拍小和尚的肩膀，说道："踩在泥泞的地面上，才能留下无法磨灭的足迹。世上所有的事情都一样啊！你要想当一个大境界、大作为的大师，就要比别人多吃一些苦，否则只能做一辈子的小和尚。"

小和尚听后，恍然大悟。从此，他不再喊苦喊累，而是辛劳地下山化缘，认真地念诗诵经，最终他成了一名很有造诣的大师，在传播佛教与盛唐文化上做出了很大的历史功绩。他，就是唐代著名的鉴真大师。

每个女人都希望一生一帆风顺，但人生的苦难不可避免。面对苦难，是逃避还是承受？一个毋庸置疑的事实是，如果我们选择了逃避，你也就失去欢乐的美好。"吃得苦中苦，方为人上人"，不知苦痛，怎能体会到甘甜和快乐？苦难对于一个希望迫切成长的女人来说，是非常有营养的补品！

知道自己生命意义的女人，即使再多的苦难也不会绝望。

莉斯·默里出生在一个贫困家庭，她的要求很简单，就是想要好好地吃上一顿饭，但父母总会以这样或那样的方式告诉她——我们无能为力。默里8岁开始乞讨，15岁时母亲死于艾滋病，父亲进入收容所，从此默里流落街头。起初，她觉得自己是个生活的受害者，但是后来她顿悟，如果自己屈服于生活的种种苦难，那么这一辈子只能这样下去，"有一天我会搞定我的生活"。

尽管无处可住，这么多年又不曾正正经经地上过学，但是为了改变自己的命运，17岁的默里发誓要成为一个优等生，并且要求自己在两年内完成高中教育。因此，她在偷食物时会顺便偷些自学书籍，然后在门厅里研读功课。门厅里夏天又闷又热，冬季冷得连盆里的水都结了冰，她把所有的衣服都盖上，仍不足以御寒，她被冻得瑟瑟发抖，但她仍然坚持每天攻读到深夜两三点钟。

最终，默里以全优的成绩考入哈佛，并获得《纽约时报》一等奖学金。如今，她的励志故事被搬上了银幕——《哈佛风雨路》，她开始在全球各地发表演说，激励人们跨越困境去追寻心中的梦想，她还鼓励人们不要把儿童时期的苦难当作不努力的借口，她说："我们的生活都不容易，但是那有什么关系？什么苦难都挡不住我们的上进心，种种困境只会考验我们，激励我们！"

看到了吧，人在每一次苦涩经历之后，都会得到进步和升华，正可谓"宝剑锋从磨砺出，梅花香自苦寒来"。不愿吃苦、不敢吃苦的女人，永远脆弱，永远不堪一击，往往要苦一辈子。当你能直面苦难，忍受一般人忍不了的痛，吃一般人吃不了的苦，你的人生就将从悲凉走向热烈，从怯弱步向强悍。

苦难对于每个人都一样，只是来临的时间不同。享乐在先或许令人羡慕，但这只是一个过程，不会永远享乐下去，走到终点便是苦。而吃苦在先，也同样是一个过程，不会永远苦下去，走到终点便是甜。在岁月的流逝中，我们受过的一切苦难都不是白受的，带上最美的笑容，且行且珍惜。

上了路，就不能半途而废

> 成大事不在于力量的大小，而在于能坚持多久。
>
> ——约翰生

女人的一生，似乎总在不停地跋山涉水，生命赋予女人的使命和责任并不轻松，读书、工作、结婚，翻过一座山，还有下一段路。这往往需要一个漫长的过程，我们必须要自律一些，有坚持不懈的劲头，决不轻易放弃！因为轻易就放弃的女人感受到的幸福总是很少。

有一则流传很久的故事，叫《距离金子还有三英寸》。

这个故事讲述的是在美国淘金时代里，美国人达比和他的叔叔到遥远的西部去淘金。他们手握鹤嘴镐和铁锹不停地挖掘，几个星期后，他们终于惊喜地发现了金灿灿的矿石。要想大规模地开采则必须要有相应的采矿设备，于是他们筹集大笔资金购买了采矿设备，并断定他们遇到的可能是美国西部罗拉地区藏量最大的金矿之一。然而有趣的是，达比准备大干一场的时候，以前开采出来的矿石地带消失了。尽管他们又继续进行钻探，试图重新找到矿脉，但一切都是徒劳。

在万分沮丧之下，达比认为金矿已经枯竭了，原本的发财梦只是上帝和他开的一个巨大玩笑。无奈之下，他忍痛将全套的机器设备卖给了当地一个收购废品的商人，最终带着遗憾回到了家乡。就在他们离开几天后，收废品的商人突发奇想，决定去那口废弃的矿井碰碰运气。他请来一名采矿工程师考察矿井，只做了一番简单的测算，工程师便指出前一轮工程失败的原因是由于业主不熟悉金矿的断层线，更大的矿脉其实就在距达比停止钻探三英寸远的地方！收废品的人在达比的基础上不断地往下挖，果真遇到了丰富的金矿脉，获得了数百万美元的利润。

倘若达比没有放弃，而是坚持下去，又怎能距离金子还有三英寸？

在这里，还有一个十分经典的故事：

1950年，弗洛伦丝·查德威克因成为第一个成功横渡英吉利海峡的女性而闻名于世。两年后，她从卡德林那岛出发游向加利福尼亚海滩，梦想再创一项前无古人的纪录。

那天，海面浓雾弥漫，海水冰冷刺骨。在游了漫长的16个小时之后，她的嘴唇已冻得发紫，全身筋疲力尽。她抬头眺望远方，只见眼前雾霭茫茫，仿佛陆地离她还十分遥远。"现在还看不到海岸，看来这次无法游完全程了。"她这样想着，身体立刻就瘫软下来，甚至连再划一下水的力气都没有了。

"把我拖上去吧！"她对陪伴着她的小艇上的人说。

"咬咬牙，再坚持一下。只剩1.6千米了。"艇上的人鼓励她。

"别骗我，如果只剩1.6千米，我应该能看到海岸。把我拖上去，快，把我拖上去！"于是，浑身瑟瑟发抖的查德威克被拖上了小艇。

小艇开足马力向前驶去。就在她裹紧毛毯喝了一杯热汤的工夫，褐色的海岸线就从浓雾中显现出来了，她甚至隐隐约约地看到海滩上欢呼等待她的人群。到此时她才知道，艇上的人并没有骗她，她距成功确确实实只有1.6千米！她仰天长叹，懊悔自己没能咬咬牙再坚持一下。

在通向成功的路上，最艰难的不是成功的道路有多少险阻，而是在路途中半途而废。在朝同一个目标前行的过程中，总是有人成功有人失败，有人将这归结于个人能力的问题。但是细心观察会发现，最终站到成功顶端的往往不是那些聪明绝顶的女人，而是那些在路上能克制自己坚持不放弃的女人。

自律的女人，
幸福迷人地位稳

戴安·索耶曾是美国ABC《早安美国》主持人，现为《ABC世界新闻》主播，为美国人开启美好一天的美丽女主播。戴安的年薪足以让她挤进美国百万富翁排行榜。她不是企业家，却拥有如此惊人的财富，原因何在呢？这都是她不断奋斗、不断坚持的结果。

戴安·索耶年轻时就想当一个主持人，而且她发现自己有这样的天赋，于是一直专注于磨炼自己的天赋。但进入新闻行业之后，戴安·索耶发现自己主持的时候总是非常鲁莽、粗心，做什么事情都是漏洞百出。为了做好这份工作，她提醒自己主持时要谨慎，每天都会夜以继日地在主播间练习，有时干脆在主播间打地铺睡觉，更没有请过一天假。这份工作虽然很繁重，需要经常采访不同的人，整理各种资料，令戴安身心疲倦，但她没有再去寻找别的工作，而是继续坚持做下去。

戴安·索耶多年的坚持最终得到了丰厚的回报，不管是什么类型的节目，她都可以轻松应对。关于成功的秘诀，戴安·索耶说："不管出现何种困难，只要我决定去做，那么我一定会坚持到底。尤其是对于自己喜欢的事情，更不会轻言放弃。除此之外，我就不知道还有什么其他秘诀了。"

是的，在遇到困难或挫折带来的种种失望时，一些女人会对自己缺乏信心，意志不坚定，进而放弃。但对于那些自律意识强的女人来说，哪怕是只有百分之一的希望，她们也要做百分之百的努力。这种自律是一种不认输的强大意志，能够在困苦中支撑自己继续向前。

在放弃中失败的女人，其实输给的不是现实，而是自己；那些不断坚持、最终取得成功的女人，她们收获到了远比成功本身更为重要的财富。

成功有时候看起来遥遥无期，在这种情形之下，如果你选择了懈怠或者放弃，以前的努力都将白费，所有的心血都将付诸东流。相反，只要你自律一点，咬紧牙关向前再迈出一步，或许就会豁然开朗。当迷雾散去，阳光照耀在身上的时候，我们才会发现，当初的付出和坚持是多么值得。

即使是流泪，也应该面带微笑

> 就算不快乐也不要皱眉，因为你永远不知道谁会爱上你的笑容。
>
> ——韩寒

有一个穷苦的妇人，带着四岁的女孩在逛街。走到一架快照摄影机旁，孩子拉着妈妈的手说："妈妈，让我照一张相吧。"妈妈弯下腰，把孩子额前头发拢在一旁，很慈祥地说："不要照了，你的衣服太旧了。"孩子沉默了片刻，抬起头来说："可是妈妈，我会面带微笑的。"

"我会面带微笑的。"小女孩的这句话听起来没有什么特别。可是在现实生活中，并不是每个人都能做到这一点。假如你在摄像机前也像那个贫穷的小女孩一样，穿着破烂的衣服，一无所有，你能坦然而从容地微笑吗？恐怕，很多人会整天愁着个脸，甚至天天悲痛万分，以泪洗面……

然而，这一切并不会帮到你什么，只会让你的生活笼罩着痛苦和沮丧。既然这样，我们为什么不给自己一个阳光灿烂的微笑呢？所有的坚强都不是写在纸上的口号，也不是自己给自己加上的一个标签。真正坚强的女人，从来不会标榜自己有多么坚强，而是即便流泪，她也能面带微笑。

美国有一位哲学家曾经说过："微笑对于一切痛苦都有着超然的力量，甚至能改变人的一生。"的确，以微笑面对痛苦，绝对比绝望不积极去解决痛苦有成就感，而且比绝望更令人自信。我们会惊喜地发现，痛苦如同冰山一样被消融掉了，快乐变成了生活永恒的格调，充满了无限美好。

"人，不能陷在痛苦的泥潭里不能自拔，遇到可能改变的现实，我们要向最好处努力，遇到不可能改变的现实，不管让人多么痛苦不堪，我们都要勇敢地面对。用微笑把痛苦埋葬，才能看到希望的阳光。"这段话摘自颇有影响的作家伊丽莎白·唐莉的《用微笑把痛苦埋葬》一书。伊丽莎白·唐莉曾经是一个生活在痛苦中的女人，不过后来她用微笑将痛苦埋葬，活出了人生的精彩。

让我们一起来看看她的故事吧！

第二次世界大战期间，在庆祝盟军北非获胜的那一天，家住美国俄勒冈州波特南的伊丽莎白·唐莉女士收到了国防部的一份电报：她的儿子在战场上牺牲了。这是她唯一的儿子，也是她唯一的亲人，那是她的命啊！伊丽莎白·唐莉无法接受这个突如其来的打击，她的精神到了崩溃的边缘。她痛不欲生，觉得人生再也没有意义，于是她决定放弃工作，远离家乡，然后找一个无人的地方默默地了此余生。

在清理行装的时候，伊丽莎白·唐莉忽然发现了一封几年前的信，那是儿子在到达前线后写给她的。信上写道："请妈妈放心，我永远不会忘记您对我的教导，无论在哪里，也无论遇到什么样的灾难，我都会勇敢地面对生活，能够用微笑承受一切不幸和痛苦。我永远以您为榜样，永远记着您的微笑。"顿时，伊丽莎白·唐莉热泪盈眶，她把这封信读了一遍又一遍，似乎看到儿子就在自己的身边，那双炽热的眼睛望着她，关切地问："亲爱的妈妈，您为什么不按照您教导我的那样去做呢？"

"是啊，我应该像儿子所说的那样，用微笑埋葬痛苦，继续顽强地生活下去。我没有起死回生的神力改变现实，但我有能力继续生活下去。"伊丽莎白·唐莉一再对自己这样说，并打消了背井离乡的念头。后来，她不仅重新拾起欢笑，勇敢地投入生活，还打起精神开始写作，几年后她著成了《用微笑把痛苦埋葬》

这本书，深深感染了诸多读者。

突然失去的爱情，突如其来的疾病以及灾难……痛苦是我们人生路途中不能逃脱的部分，就像天总会下雨一样。寒梅无法选择季节，却傲视冰霜；秋菊无法选择时令，却代秋天发言；人无法选择无痛的命运，那就学会微笑吧！再重的担子，哭着也是挑，笑着也是挑，不是吗？

现在，请你挑起嘴角，舒展眉毛，微笑再微笑，即使胸口怀着伤痛，也要让所有的微笑在阳光里徜徉而行。你会惊喜地发现，内心的痛苦感逐渐消减了，多了几分轻松快乐，世界的大门为你敞开了，原来生活如此美好。在微笑里让自己的每一天无畏无惧，这是生命的必然，也是岁月的使然。

遇到下雪天，那就赏雪景

> 我的心境，已如渺渺青空，浩浩大海，平静，安详，淡泊。
>
> ——三毛

正值下班时间，来了一场突如其来的大雪，道路湿滑，一辆大型城市公交车打滑了，横在马路中间，造成交通拥堵，行人匆匆忙忙往家赶，其中不乏形式各异的狼狈之相，还不时有人抱怨："这雪下得真不是时候。"

只有一个人，不紧不慢，甚至可以说是一副优雅的姿态，在雪中踱步。

旁人问："你怎么不着急啊？"

那个人缓缓地答道："急什么，我正在赏雪景呢！"

遇到下雪天，那就赏雪景。接受必然发生的事实，这是克服任何不幸的第一步。

让我们分享一个故事吧，名字叫《不要为打翻的牛奶哭泣》：

戴尔·卡耐基事业刚起步的时候，在密苏里州举办了一个成年人教育班，并且陆续在各大城市开设了分部。由于没有经验又疏于财务管理，很多资金用于广告宣传、租房、日常的各种开销之后，他发现虽然这种成人教育班的社会反响很好，但自己一连数月的辛苦劳动竟没有挣到钱。卡耐基为此很是烦恼，他不断地抱怨自己疏忽大意。这种状态维持了好长时间，他整日闷闷不乐，神情恍惚，无法进行刚刚开始的事业，后来他只好去找中学时代的生理老师乔治·约翰逊，向他寻求心灵上的帮助。

听完卡耐基的话之后，老师忽然站了起来，一巴掌将旁边的一瓶牛奶打翻在地上。卡耐基有些惊讶，又有些不知所措，觉得牛奶就这样浪费掉真是太可惜了。这时候，老师意味深长并一字一句地说："牛奶被打翻了，怎么办？是看着被打翻的牛奶哭泣，还是去做点别的。记住，被打翻的牛奶已是事实，没有可能再重新装回瓶子里，我们唯一能做的就是吸取教训，然后忘掉这些不愉快。"

老师的话醍醐灌顶，使卡耐基的苦恼顿时消失，精神也为之振奋，他说："我拒不接受我遇到的一种不可改变的情况，我像个蠢蛋，不断作无谓的反抗，结果带来无眠的夜晚，我把自己整得很惨，终于我不得不接受我无法改变的事实，重新投入到了热爱的事业中。"后来，卡耐基成为美国著名的企业家、教育家和演讲口才艺术家，被誉为"成人教育之父""20世纪最伟大的成功学大师"。

是啊，"别为打翻的牛奶哭泣！"牛奶打翻在地已经是事实了，无论我们再怎样后悔和抱怨，都没有办法取回一滴。

在漫长的岁月中，每个女人都会碰到令人不愉快、尴尬或难以解决的情况，它们既然是这样，就不可能是那样。我们一味地抗拒，或者逃避，都于事无补，还会令现状更加糟糕。与其如此，不如学着面对它，接受它，然后想办法去改变它，如此才能真正地走出当前的种种困局。

某地住着相依为命的老夫妻，在老太太生日这天，老先生想把家中唯一值钱的一匹马拉到市场上换件老伴喜欢的东西，他想给她一个惊喜。于是，老先生便牵着马上路了。半路上，他看到一个农民拉着头牛走了过来，老先生想，牛可以耕地，很有用，于是便用自己的马换了农民的牛。老先生牵着牛往家赶，看到有人在赶羊，他想换一头羊也不错，可以每天都有奶喝，于是，他又用牛换了一只羊。接着他想老伴喜欢养鸡，母鸡还能下蛋，这样老伴每天就有鸡蛋吃了，于是他就又用羊换了两只鸡，最后他又用其中一只鸡换了一小袋苹果。当老先生左手拎着鸡，右手拿着苹果，唱着歌往家里走时，遇上了两个富人朋友。在闲聊中，老先生把自己换物的经过告诉了两个朋友，他们听完老先生的经历后都哈哈大笑起来，认为老先生一定会挨老太太一顿骂或一顿打。老先生被他们说得很沮丧，但他仍然坚信老伴不会骂他，两个富人就用一袋金子跟老先生打赌。

于是，三个人一起回到老先生家中。老太太见老先生回来了，非常高兴，然后兴奋地听着老先生讲述他赶集的经过。每当老先生讲到用一种东西换了另一种东西时，老太太的话语里都充满了对老先生的钦佩。老太太嘴里不时地说："哦，太好了，我们有一头牛了""啊，羊奶也很好喝""哦，我们有鸡蛋吃了，还有我最爱吃的苹果"。最后，老太太还高兴地说："这真是一份非常好的生日礼物，今晚我们就可以吃到苹果馅饼了。"结果是，两个富翁输掉了一袋金币。他们很不服气，便在私下里问老太太："他做了这些非常愚蠢的事情，你为什么不责怪他？"老太太平静地说："不管怎么样，他是为了讨我的高兴，事情已经这样了，责备也于事无补，所以我没有必要再说什么了，倒不如坦然地接受。"结果是，这对老夫妇度过了一个愉快的夜晚。

这位老太太是不是很不简单？换作是你，你能做到吗？

心理学家阿佛瑞德·安德尔说过："人类最奇妙的特性之一，就是把负的力量变成正的力量。"塔金顿的个性正是如此，遭遇了自己最恐惧的事，他没有逃避，没有抗拒，而是平和地接受了无法改变的现实，想到的是如何从这种不幸中脱离出来，如何改变自己的命运，进而享受到了生命的乐趣。

一位女性情感作家最近出了一本新书，大谈女性如何在忙碌的生活中保持自我，保持乐观的心境。为了为新书造势，她在各大城市举办了签售活动。在签售现场，不少粉丝要求握手、写赠言，她都一一回应，让粉丝们心满意足。活动结束后，粉丝们发现，女作家写得最多的一句话便是："接受不如意，才能事事如意。"有读者询问女作家这句话该如何解释，女作家沉思了一下，给大家讲了一个故事：一位女士买了一个漂亮的青花瓷，结果在半路上不小心摔碎了。这位女士郁闷不已，蹲在地上抱怨了半天。准备回家时，女士想去超市采购点东西。然而，就在她找钱包拿钱的时候，发现钱包不见了。思前想后，正是因为刚刚情绪懊丧而导致精神不振，以至于让小偷偷了钱包都没发觉。

讲到这里，女作家无比感慨地说："这就是发生在我身上的故事，那个青花瓷碎了就碎了，即便我再懊恼，也无法弥补了。如果我那会儿不那么关注那个碎了的青花瓷的话，我也就不会丢钱包了……生活中本来就有许许多多不如意，如果你坐在原地等待事情出现转机，等待它顺着自己的心意，那十有八九会失望；接受这种现状，努力改变，才能经营符合你心意的生活。"

后来又有人了解到，女作家常说一句话："我可以忍受一切变故，除了变丑。"但就在32岁那年她突然开始脱发，头发越来越稀少，发际线越来越高，令整个人看起来憔悴了不少。最恐惧的事发生了，女作家对这最大的灾难会如何反应呢？她是否觉得："完了，我的人生完了！"完全不是，她知道自己无法逃避，所以唯一能减轻痛苦的办法，就是爽爽快快地去接受它。她努力鼓励自己振作起来，去医院接受种种治疗。正因这种积极乐观的态度，女作家的病情得到了有效的控制，又恢复了以往的神采，对此她对身边的朋友们感慨地说："这件事教会我如何忍受，而且使我了解到，生命所能带给我的，没有一样是我不能忍受的。"

是的，当事情不可避免时，不妨积极地进行自我调整，学着轻松而愉快地接受，就像杨柳承受风雨、水接受一切容器。如此，我们才能节省下足够的情感和精力，去创造出更加丰富的生活。

什么人，什么事，什么难，什么爱都可以自我消解，都不能让自律的女子放弃自己，她永远掌握生活的主动权，看上去是一派云淡风轻和不惊不扰。哪怕悲伤已经泛滥成灾，看上去还是若无其事岁月安好。这是女人的慧根，也是优雅的一部分。也唯有如此才能活出无限精彩，活得无可替代。

自律的女人,
幸福迷人地位稳

谢谢我没有放弃,不至于辜负自己

> 海浪的品格,就是无数次被礁石击碎又无数次地扑向礁石。
>
> ——佚名

幸运之神是一个美丽而性情古怪的"天使",她会骤然降临在我们身边。她的高傲迫使所有人必须对她保有足够的尊敬,若是我们稍有冷淡,她便将悄然而去,不管怎样扼腕叹息也不再复返。那么,我们女性朋友该如何赢得幸运之神的关注和眷顾呢?答案是:执着地去追求她,即使是深陷危机之中。

地球是运动的,风水轮流转,你不可能永远处在倒霉的位置。往往多些追寻,幸运之神就会降临到你身边,事情就会有新的转机。

一天,农夫的一头驴掉进一口枯井里,农夫绞尽脑汁想救出驴,但折腾了大半天都无济于事。最后,这位农夫决定放弃,他想这头驴年纪大了,不值得大费周折去把它救出来,不过无论如何,这口井还是得填起来。于是,农夫请来左邻右舍帮忙一起将井中的驴埋了,以免除它的痛苦。农夫的邻居们人手一把铲子,开始将泥土铲进枯井中……

当这头驴了解到自己的处境时,它在井里恐慌、痛苦地哀号着,不一会儿它居然安静下来。几锹土过后,农民终于忍不住朝井下看,眼前的情景让他惊呆了——泥土不停地倾泻到井中,驴子将泥土抖落在一旁,然后站到铲进的泥土堆上面。最终,驴子竟把自己升到了井口。它用力地抖了抖身上的泥土,纵身跳出了原本绝命的枯井，然后在众人惊讶不已的表情中得意地跑开了！

本来要活埋驴的举动，结果由于驴不断抖落身上的"沙"，最终居然出现了不可思议的转机。将驴的哲学套用在人的身上有些牵强，但我们也不难体会到，在人生的旅途中，我们难免也会陷入"枯井"，遇到各种各样的危机，而我们又能否挺过那黑暗，活着等来救援？

中国有一句古话，叫天无绝人之路，绝境之中往往也蕴含着机会，只要我们能自控，不绝望，不放弃，保持不灭的信心，在困境中找希望，哪怕这个希望只有万分之一，然后站上去，那么即使掉到最深的枯井，我们也能安然脱困，这正所谓"幸运之神的降临，往往因为你多看了一眼"。

自从伦敦大学圣玛丽医学院毕业后，英国医学家亚历山大·弗莱明便把细菌学研究作为他事业的全部，并加紧了细菌的研究工作，他的研究对象是能置人于死地的葡萄球菌，为此需要经常培养细菌，但一切看起来并不算顺利。1928年的一天，弗莱明将一个葡萄球菌培养基放在试验台阳光照不到的位置，就出去了。结果回来后，他发现由于盖子没有盖好，靠近封口的葡萄球菌融化成露水一样的液体，而且显示为惨白色。在所有细菌培养基中，封口必须要求是封闭的，看来这次实验又失败了，弗莱明有些苦恼。

弗莱明刚想把这个"坏掉"的培养基扔掉，但是他又看了一眼，不禁心想："这到底是怎么回事呢？居然能把毒性如此强烈的葡萄球菌制服了，消灭了。"于是，他对封口的泥土进行了化验和提炼，仔细地观察、分析。终于，一种能够消灭病菌的药剂——青霉素被发现了。发现了青霉素后，弗莱明于1929年6月发表了论文，从此人类医疗事业翻开了新的一页。弗莱明也因此在全世界赢得了25个名誉学位、15个城市的荣誉市民称号以及其他140多项荣誉，其中包括诺贝尔医学奖。谈及自己的成功时，弗莱明感慨万千地说："谢谢我没有放弃，不至于辜负自己。"

很多时候危机的出现,会使内心脆弱的人受到冲击和刺激,尤其是女人,很容易惊慌失措,认为不管自己做什么都没有用,于是干脆坐以待毙。殊不知,"危机"是由两个字构成的,其中的"机"是有机会的意思,也就是说危机并非百分之百的危险,而是与机会如影随形,里面蕴藏着步步活棋。

所以,在危机面前,不要做大呼小叫、枯坐等待的旁观者,保持冷静和勇气吧。对面临的危机细加观察和分析,用心捕捉危机中的转机,采取积极主动的行动,那么很可能就会化险为夷。如果一个女人能够使危机成为机会,走向一个新的开始,那么世界上还有何事会不成?

敏君经营着一家高级服装店,她既是店长,又是设计师。一天,敏君为一位顾客熨烫一条做好的高级裙子,结果不小心将裙子烧了一个小洞,这真是一个糟糕的事情。开始敏君想用同颜色的细线,把破洞补上蒙混过关,但想到如果被顾客发现那就砸了本店招牌;那么干脆向顾客说明事实,真诚地道歉并赔偿损失,但这样无疑也会损害店里的声誉。怎么办呢?敏君心里既焦急又苦恼,但她提醒自己一定要保持冷静,积极将损失降到最低。

经过一番苦思冥想,敏君在那个小洞的周围又挖了许多洞,并精心饰以金边,为其取名"凤尾裙"。当顾客来取裙子的时候,看到这条漂亮的裙子,喜欢得不得了。她一下子又请求敏君再给自己做两条同样的裙子。消息一传开,不少女士专门前来购买这种"凤尾裙",敏君的生意异常兴隆。

瞧,危机既是危险,又是机遇;既是厄运,又是挑战;它既能让人一蹶不振,又能使人青云直上。所以,幸运也好,不幸也罢,我们切不可抱着"上天注定"的态度,而要以自己强大的心灵作支撑,寻找一切有可能扭转乾坤的机会,采取积极灵活的应对策略,那么幸运之神就会不请自来。

烂牌也要拼，打好手中的坏牌

> 不抛弃，不放弃。
>
> ——《士兵突击》

人生就跟打扑克牌一样，每天每个人都在打自己的牌。很多女人有过这样的经历，原本是满怀信心地要打一副好牌，赢得漂亮些，无奈天公不作美，抓到手里的却是一副坏牌，这可怎么办呢？此时，有些女人会选择放弃，主动认输或者坏牌坏打，破罐破摔，然后等待下一次抓牌的机会。

殊不知，上天发牌是随机的，谁能保证下一次的牌就一定是能胜的好牌呢？与其认栽，倒不如要求自己积极进取，力争打好每一张牌，这样既能锻炼自己的能力，发挥得好还可以使劣势转为优势，坏牌变为好牌，这岂不是更胜一筹？

"生活就像是玩扑克，怎么打完全取决于自己"，这是艾森豪威尔的一句口头禅。年轻时，艾森豪威尔经常和家人一起玩纸牌游戏。一天晚饭后，他像往常一样和家人打牌。这一次，他的运气特别不好，每次抓到的都是很差的牌。开始时他只是有些抱怨，后来他便发起了少爷脾气。一旁的母亲看不下去了，严肃地告诫他说："既然要打牌，你就只能用你手中的牌打下去！"

见艾森豪威尔依然愤愤不平，母亲心平气和地说："其实，人生就和打牌一样，不管你手中的牌是好是坏，你都必须拿着。你能做的，就是让心情平静下来，然后力争把自己的牌打出最好的效果！"母亲的话犹如当头一棒，令艾森豪威尔在突然之间对人生有了直观的感悟。此后，他一直牢记母亲的话，并以此激励自己去努力进取、积极向上。就这样，他一步一个脚印地向前迈进，从一个出身贫寒、资质平平的小男孩，成长为中校、盟军统帅，最后登上美国总统之位。

当前途迷茫时，我们抱怨上帝为何不给予我们一双慧眼，而让我们在迷茫中不知所措；当成功的道路曲折时，我们抱怨上帝为何在通向它的路途中设置如此多的磨难……我们都太在乎自己手上牌的好坏，而忽略了如何去打好自己手上的烂牌——烂牌也要打出好结果。

的确，手中的牌无论好坏，都是我们唯一能够利用的资源，"打好手中的牌"是我们能够做出的最明智的选择。纵观那些优秀的女性，她们并非拿到了好牌，拥有亨通的官运，或茂盛的财源，或真挚的友谊，或忠贞的爱情，而是她们拥有打好坏牌的决心和信心，并最终凭此获得了想要的一切。

她，自幼就患上了脑性麻痹症。这种病的症状十分惊人，因为肢体没有平衡感，手足会时常乱动，嘴里也会经常念叨着模糊不清的词语，模样十分怪异。如此本已是一件痛苦的事了，然而她还要忍受许多异样的眼光，一些小孩儿会嘲笑她，用手、石头或棒子打她。最初的一段时间，她觉察出自己和别人的不一样，有过自卑的感觉，但她不想让这种生活持续下去，她迫切地感到要增强自己的意志力，适应社会，适应环境，改变自己的命运，拒绝那些不好的眼光。

她决定要和正常的孩子一样上学，但是上学对她来说是一场可怕的噩梦，她的手总是无法握住笔杆，于是便让妈妈握着自己的手，经过一番努力练习，一年后，她终于学会了写字，虽然要比别人花上很长的时间，但她深信一个人只要肯努力，就能做成自己原本做不到的事情。上二年级的时候，她对绘画产生了兴趣，绘画并不是一件简单的事，她花费的努力可能是别人的百倍，但是她做到了，正如她所说："我喜欢绘画，即使一再修改，我也能画下去，我要画下去。"

就这样，靠着坚忍不拔的意志和对人生的乐观，她坚强地学了下来，而且考上了美国著名的加州大学，并获得了艺术博士学位，还到处举办自己的画展、演讲会，她就是中国台湾的黄美廉女士。如今，她到处举办自己的画展，现身说法，告诉人们自己对生命的尊敬和热爱，也赢得了越来越多人的钦佩。

在旁人看来，黄美廉是那么不幸的一个人，可以说她拿到手的是一副坏牌，但她用自己的汗水和勤奋、韧力和耐心创造了令人瞩目的成功。她的故事启示我们：胜利与失败是实力上的较量，同时也是心智上的比拼。努力把一副坏牌打好，竭尽全力地控制住牌势，照样可以取得成功。

拿到一手好牌的人，不一定能赢。拿到一手烂牌的人，不一定会输。

所以，当我们不幸拿到不好的牌，比如，出生在一个普通人家，容貌平平，记忆欠佳，缺乏眼界和财力，甚至可能更糟……尽管我们有理由失望或者抱怨，但却没有理由不继续玩下去，走下去。此时我们能够做的，或者说应该做的，就是自律地调整自己，把一副坏牌当成一副好牌来打。

自律的女人，
幸福迷人地位稳

沉浮中，那一脉脉幽香

> 世界如一面镜子：皱眉视之，它也皱眉看你；笑着对它，它也笑着看你。
>
> ——塞缪尔

女人的一生，既有受人青睐之时，亦有遭人白眼之际；既有春风得意之时，亦有失意落魄之时。恐怕没有哪个女人会喜欢失意，但没有人会一直得意，更不会有人一直失意，失意总让人猝不及防。"人生得意须尽欢"，那么人生失意的时候又该如何呢？在失意的时间里，又有哪些方式可以选择呢？

失意，你可以选择消沉，选择麻木，选择否定自己，或整日埋怨怀才不遇，生不逢时，从而一蹶不振，意志萧条。但这些是不可取的，因为失意是时间送给所有成大事者最重要的一份礼物。至于能否理解这份礼物的价值，那就看不同人的选择了。如果把失意比作一块石头，它可以是前行的路障，磨砺的工具。

有一个屡屡失意的年轻人来到寺院，慕名来拜访一位大师。"人生总不如意，苟且活着，有什么意思？"年轻人沮丧地对大师说。

大师静静地听着年轻人的抱怨，末了吩咐小和尚："这位施主远道而来，去烧一壶温水送过来。"一会儿，小和尚送来了温水。大师取了茶叶放进杯子，然后用温水沏了，他微笑着请年轻人喝茶，杯子冒出微微的水汽。年轻人细品了一口，不由得摇了摇头，说道："一点茶香都没有。"大师说："这可是名茶铁观音啊！"年轻人再一次端起杯子品尝，然后肯定地说："真的是没有一点茶香。"

于是大师又吩咐小和尚："再去烧一壶沸水送过来。"不一会儿，小和尚便提着一壶沸水进来。大师起身，又取过一个杯子，放茶叶，倒沸水，再放在茶几上。年轻人俯首看去，茶叶在杯子里上下沉浮，清香不绝，望而生津。年轻人欲去端杯，大师挡开，又提起水壶注入一线沸水，茶叶翻腾得更厉害了，一缕更醇厚、更醉人的茶香袅袅升腾。大师如是注了五次水，杯子终于满了，那绿绿的一杯茶水，端在手上清香扑鼻，入口沁人心脾。

年轻人喝着香气四溢的茶，若有所悟。

人生如茶，品茶如品人生。如果将我们的生命比作茶叶，那么人生的起起落落就是一壶沸水。用沸水冲沏的茶，冲沏了一次又一次，浮了又沉，沉了又浮，茶叶就释放出它春雨般的清幽、夏阳似的炙热、秋风似的醇厚、冬霜似的清冽……而生命也只有在不断的沉浮中，才能芳香四溢！

那些不经历起起落落的女人，一辈子很平顺，就像温水沏的淡茶，平静地悬浮着，弥散不出生命和智慧的清香。而那些栉风沐雨、饱经沧桑的女人，就像被沸水沏了一次又一次的茶，沉沉浮浮中飘散出脉脉幽香。

归亚蕾，中国台湾著名女演员。读高中时，她因为气质出众被选为琼瑶电影《烟雨蒙蒙》的女主角，并一举获得第4届台湾电影金马奖最佳女主角，之后在多部琼瑶戏里担任女主角，受到观众的热情欢迎和喜爱，成为红极一时的琼瑶女郎。但后来随着年龄的增长，归亚蕾的戏份逐步减少，导演们也不再让她演主角，而是给一些更年轻漂亮的女明星当配角，如《大明宫词》中霸气外露的一代女皇武则天，《橘子红了》里荣耀华的太太，《新版红楼梦》里的王夫人，《云水谣》里的老年王碧云等。

从红极一时到给人当配角，这样的落差让人唏嘘不已。但归亚蕾却很坦然，凭着精湛的演技，扮演各种不同类型的配角形象。事实证明，观众的眼睛是雪亮的，归亚蕾多次获得"最佳女配角"。扮演好配角，并且想办法精练"演技"，一样会获得掌声。就这样，归亚蕾先后夺得第9届长春电影节最佳女配角、第29届大众电影百花奖最佳女配角、第30届台湾电影金马奖最佳女配角，以及第3届电视剧风云盛典最佳女主角等多个奖项。

归亚蕾在精彩诠释了别人的人生之外，也在完美地演绎着自己的人生。如今，洗尽铅华，她依然优雅，依然从容。

如果把人生比作舞台，那么上台下台就是再平常不过的事情。上台当然自在，下台难免神伤，这是人之常情。只有上台下台都自在，主角配角都能演好的人才是真正的强者和智者。自在的心情，会让你在面对人生时有能屈能伸的弹性，而这种弹性，不但会让你的人生获得安顿，也会为你寻得再放光芒的机会。

演员可以拒绝当配角，甚至退出那个圈子。可是，在人生的舞台上，从没有退出的说法。一个真正想成就一番事业的女人，身上必定有一股强大的自律力量，她们淡看人生起起伏伏，不以一时一事的顺利为念，也不会为一时的阻碍所困扰。

总而言之，人生的际遇是变化多端，难以预料的，起起伏伏都有可能。碰到这种时候，我们就应有"台上台下都自在，主角配角都能演"的心态，这种进退自如就如《菜根谭》中所言："宠辱不惊，闲看庭前花开花落；去留无意，漫随天外云卷云舒。"

慢慢品读人生浮沉吧，它不仅有苦涩的味道，更蕴藏着甜蜜的未来。

Chapter 5

修行非一朝一夕之功,
而是时刻如是

幸福的女人不尽相同，她们虽在不同的地方闪耀着自己的光芒，但身上却拥有着某些共同的品质，吸引人们的正是这些优秀品质。人生是一场自我完善的修行，品质的形成非一朝一夕之功，而是时时刻刻以自律修身，细心地去调试自己、约束自己、雕琢自己。如此，你将犹如洒了一地馨香的玉兰，一路走过，一路芬芳。美好相随，暗香长留。

> 修行非一朝一夕之功,
> 而是时刻如是

女人可以不漂亮,但一定要善良

> 人的外表的优美和纯洁,应是他内心的优美和纯洁的表现。
> ——别林斯基

国王有三个花容月貌、倾国倾城的女儿,但这三个女儿却个个娇纵蛮横,贪图荣华富贵。每当有朝臣进谏时,国王总喜欢把女儿们叫出来展示一番,"你们看我的女儿们美吗?"他最想听到众人的赞叹声。一天,一位德高望重的学者拜见国王,国王照样把女儿们叫出来,问:"您是最英明的人,您看我的女儿们美吗?"

学者没有直接回答国王,而是说:"亲爱的国王,我们来打一个赌吧,你带着你的女儿们去全国各地街上游走,如果人人都说她们美的话,我就输给你一千两银子。但只要有一个人说她们不美,你就输给我一千两银子,怎么样?"国王觉得自己赢定了,便欣然答应,带着女儿们到各地游走。不出所料,所到之处每个人都说国王的女儿们漂亮非凡,国王和女儿们甭提有多高兴了。

最后一天,突然下雨了,国王带着他的女儿们来到一个寺庙避雨。国王站在观音菩萨的座前,得意扬扬地问道:"菩萨,您看我的女儿们漂亮吗?"

观音菩萨微笑着答道:"我看不漂亮!"

国王非常不高兴,问道:"全国人都说我的女儿们漂亮非凡,怎么就您一个人说她们不漂亮呢?"

观音菩萨回答道:"世人论美看的是面容,而我看的是心灵。一个外表貌似天仙却口出恶言、心贪钱财、意起邪念、心如蛇蝎的女人，我们能说她美吗？当然不能。一个外表丑陋却心地善良的女人，我们能说她不美吗？当然也不能。"

听了观音菩萨的话，国王给了学者一千两银子，灰溜溜地带着女儿们离开了。

在任何环境里，华丽打扮的美丽与娇媚容貌的美丽都只是暂时的。女人，最重要的是应该有一颗善良的心。在词典里，善良是这样被解释的：心地纯洁，没有恶意，也就是拥有一颗大爱心、同情心，不害人、不坑人、不骗人。一个女人即使再成功、再漂亮，如果不善良，那么也会黯淡失色。

记得曾经在书上看见一段有关女人的话："如果想让一个人爱你一辈子，就得给他一个过硬的理由：你要么长得漂亮，要么得有气质；如果没有气质，就得有才华；如果没有才华，怎么也得性格好；若性格不好，只要善良就够了。"说到底，善良是女人美丽的最底线。

所以，女人不仅要注重自己外在的美丽，还要重视内在的修养，只有心灵美才是最长久的魅力，而善良正是内心美的先决条件。

古往今来，女人的美丽和女人的善良几乎都拉扯上关系。

她——英国著名女演员奥黛丽·赫本，就是这样一个人！赫本一生留下20多个经典银幕形象，从20世纪80年代开始，她逐渐淡出影坛，就任联合国儿童基金会大使，致力于慈善事业。除了参与音乐会和募捐慰问活动、发表演讲之外，赫本还亲力亲为，多次不顾战乱和传染病的危险亲赴非洲展开考察并实行援助，足迹遍及埃塞俄比亚、苏丹、萨尔瓦多、危地马拉、洪都拉斯、委内瑞拉、厄瓜多尔、孟加拉等亚非拉许多国家。1992年底，赫本还以重病之躯赴索马里看望因饥饿而面临死亡的儿童。临死前，赫本还对儿子这样说："我的人生没有什么遗憾……我只是不明白为什么有那么多儿童在经受痛苦。"

赫本有着天使般的美丽面容、精湛出色的演技，以及善良美好的心灵，她终其一生坚持以仁爱之心面对整个世界。她的一句名言是："记住，如果你在任

> 修行非一朝一夕之功，
> 而是时刻如是

何时候需要一只手来帮助你，你可以在自己每条手臂的末端找到它。随着你的成长，你会发现你有两只手，一只用来帮助自己，另一只用来帮助别人。那些富有的人有义务、有责任去帮助那些一无所有的人。"她在这个世界上只度过了64年，但人们并没有忘记这位美丽善良的"安妮公主"，联合国儿童基金会为了纪念奥黛丽·赫本所做的贡献，专门为她在纽约总部树立了一尊以她名字命名的近1米高的青铜雕像；世纪之交时，权威杂志评选二十世纪最美丽女星，赫本高居榜首，这种美丽是用"心"评出来的。

人与人之间的关系就像一面镜子，你如何对待别人，别人就会如何对待你。女人的善良是人类温情的源泉。善良可以关爱别人，同时也善待自己。善良可以理解别人，同时也解脱自己。善良可以帮助别人，默默无闻奉献自己。善良不需开出美丽的花，但能结出丰硕的果。所以，善良的女人会更容易得到幸福和快乐，看到这个世界的美好，并由内而外散发出一种独特的魅力。

善良不是鲜花一眼灼人，却如梅花有暗香浮动。漂亮的女人养眼，善良的女人养心，女人可以不漂亮，但一定要善良。当然，既漂亮又善良的女子，那是求之不得、千里挑一的极品精致女人了。相信，她只是轻轻一笑，都会令众人觉得无比优雅动人。

在这个物欲横流的社会，有时会有欺骗，有时会有伤害，但守住善良是每个人都应该做的事情。因为"人之初，性本善"，善良，是做人最基本的品质，是这个世界上最美好的情操。以善自律，以善待人，不仅会让自己在物欲纷繁里不沉沦，也会让自己在生活里得到奉献与助人的乐趣。

善良并不高大，善良也不遥远。你无须用多么高深的语言来阐明，也不必做出一番惊天动地的举动来，完全可以自律地从点滴小事做起。比如，主动搀扶一个盲人过马路，去养老院探望孤寡老人，对困难家庭提供帮助，向希望工程捐献财物；看见别人有难，如果帮不了，不落井下石也是一种善良……

自律的女人，
幸福迷人地位稳

"言多"一定会"必失"

> 言行在于美，不在于多。
>
> ——梁元帝

"长舌妇""漏斗嘴""七嘴八舌""三个女人一台戏"，这些都是女人的代名词，很多人都有这样的印象：只要几个女性坐到一起，就会唠叨个昏天黑地、没完没了，抱怨也好，感叹也好，吹嘘也好，一个话太多的女人再漂亮，都会显得比较浮夸，过于自我，让人感觉肤浅粗俗、索然寡味。

况且，语言是交流思想的工具，也是引起各种祸端的理由。说出去的话就像泼出去的水一样，很难收回，所谓覆水难收就是这个道理。你说得越多，说出蠢话的可能性也就越大。看似无心的一句话，有时候也会冒犯、伤害到别人，这更会导致别人对你敬而远之。

莉娜是一个开朗活泼、直来直去的女人，而且待人非常热情，经常热情地帮助朋友，这种人本应该是很受欢迎的，可是周围的人总是很讨厌她。原来，莉娜在交往中总管不住自己的嘴，说话不经大脑，看到什么说什么。虽然她主观意愿很好，却总是让别人陷入难堪的境地。

女同事甲长相普通、家境也不好，却嫁了个富二代才俊，结婚当天莉娜前往道贺时说："恭喜你啊，终于把自己嫁出去了！你运气真好！据我所知，这种男人非美女才女不娶，竟然会娶你！"她对一位很胖的女同事高声说道："哟，你

> 修行非一朝一夕之功，
> 而是时刻如是

怎么又长膘啦？你爱人弄什么好吃的给你了，把你喂得这么胖啊？"莉娜本没有一点儿恶意，但是这些话无疑激起了对方的厌恶，使对方从内心深处讨厌她。

失去丈夫是人生中最不幸的事情之一，一位好朋友刚刚死了丈夫，一直为此痛苦不已，总是哭泣。莉娜为了让朋友不再难过，上前安慰道："旧的不去，新的不来，人总是要向前看的。我身边有不少的优秀异性，哪天我给你介绍一个。"结果，朋友不仅哭得更伤心，还还给莉娜一个白眼。以莉娜的粗神经，当然想不到原因，还百思不得其解："我是为她好啊，怎么她还生气了？"

生活中常出现这样的情况——有的女人在行为上、物质上热心地帮助了别人，但由于口不择言，使对方的感激之情烟消云散，甚至还产生了反感。毫无疑问，莉娜就是这种人，我们一定要引以为戒，自律一些，管好自己的嘴巴，三思而后言，能少说就少说，并且要少说多听。

和不了解的人多说，他知道你并且了解你，你想想自己会有多被动；

和不认识的人多说，有一天他变成你认识的人，你想想会有多尴尬。

结论就是，不管是不是认识的人，少说几句，就是对自己的保护。何况，有些人专门捕风捉影，扭曲别人的意思再传播出去，为的就是挑拨离间，制造矛盾。少说话，就算说也只说善意的，这样才能有效防止小人，降低与他人的矛盾，拥有好名声。

再说一个历史上有名的例子，这个例子尽人皆知。三国时，曹操的谋士杨修恃才傲物，喜欢逞能。有人送曹操一盒点心，他有心戏弄一下手下的谋士，就写上"一合酥"放在那里。杨修一看，让大家一人一口吃掉这盒酥皮点心，说："丞相的意思就是一人一口酥。"

曹操出征，久无战功，吃饭的时候不禁说："鸡肋，鸡肋！"杨修回过头就对将士说："丞相的意思是，食之无味，弃之可惜，过几日便要收兵，赶快收拾行李吧！"

杨修一而再再而三地逞能，终于激怒了曹操，于是他以"扰乱军心"罪斩

自律的女人，
幸福迷人地位稳

了杨修。

你有智慧，有才能，有威望，你是人人注目的女人。这个时候，你更要管住自己的嘴，不要随便说。就是因为你有了这样的地位，你随便一句话，都能让人抓到错处，让人多想，让人大做文章。平时培养"谨言慎行"的习惯，女人一旦话少，她的地位就越高，说的话便越有分量。不过，少说并不是建议女人一言不发，平日与人说说笑笑是不可少的。但涉及隐私、涉及个人判断、涉及他人之类的话题，一定要三思而后言，能少说就少说。只有这样，人们才会认为你既随和，又可靠。

你透露得越少，你的优势就越多，有时间暴露自己，不如多问问对方的情况。事实上，少说多听更有好处，也更有必要。一个善于倾听的女人，必然是懂事的，更能体谅他人心理的高情商女性，就连卡耐基都说："生活中，最有魅力的女人一定是一个倾听者，而不是滔滔不绝、喋喋不休的人。"

当然，我们不得不承认，同男人相比，感性的女人更具备语言天分。因此，让一个女人心甘情愿地闭上嘴巴去倾听别人的诉说，常常要比让一个男人遵从"沉默是金"的道理困难许多，但也正因为如此，倾听对女人而言才显得格外重要，才更值得女人去学习、领会并运用到生活中。

菲儿在京城一家有名的美术杂志担任编辑，为了更为理想的内容和版面，她每个周末都要去拜访几位业界很有名气的画家，并邀请他们参加自己的栏目。每次去拜访画家的时候，菲儿从一开始和人家见面就说个不停，不断地说自己的杂志多么权威、多么高端，自己所负责的栏目有多么好。但是最终，那些画家都会面带歉意地告诉菲儿："实在抱歉，短时间内我恐怕没有办法参加。"就这样二三十次地邀请，又二三十次地被拒绝，菲儿有些心灰意冷了，这时部门的主编给出了一个建议，下次再去拜访那些画家的时候，不妨安静下来，去倾听一下对方的意见。

听完主编的话，菲儿意识到自己以前所做的采访有所不妥，于是第二天她

> 修行非一朝一夕之功,
> 而是时刻如是

约见了一位之前没拜访过的画家,并及时地调整了自己。这次,她没有一见面就不停地推荐,而是先认认真真地观看了这位艺术家的作品,有什么不懂的地方就赶忙询问。没想到,菲儿的提问引起了画家的兴趣,他们不知不觉就谈了两个小时。最终,这位画家不仅同意参加菲儿的栏目,还告诉菲儿他的几个朋友也打算参加。菲儿听了心里非常高兴,在这位画家的引荐下,她一下子多了好几位客户。

再后来,菲儿总是会提醒自己,不要多说,要多听。一次,菲儿和一个朋友一起参加一个小型社交活动,并认识了一位很有魅力的男士,他们聊得非常愉快,这位男士还几次主动邀请菲儿跳舞。当朋友问及菲儿的"手段"时,菲儿笑了笑,语气中掩饰不住喜悦:"很简单,我问他喜欢什么音乐。当他说自己喜欢摇滚时,我鼓励他给我讲一些摇滚作品。我以前对摇滚一点也不了解,从头至尾我没说几句话,都是他一直在谈这方面的事情,不过我也因此对摇滚有了了解。他也觉察到了这一点,那自然使他觉得欣喜。最后,他要了我的电话,还说我是最迷人的女人,希望和我继续交往。"

倾听,不仅仅是对别人的尊重,也是对别人的一种赞美。生活中,最有魅力的女人一定是一个倾听者,也许在交谈过程中你并没有说上几句话,但是你一定会得到他人的肯定,会被认为是非常有修养的女人。不管说话者是上司、下属、亲人或者朋友,或者是其他人,倾听的功效都是同样的。

每个人都渴望被别人倾听,当自己侃侃而谈时,人们总是希望对方在专心致志地聆听。在古代,人们将那些善于倾听的女人称为"解花语"。从中不难领会,会倾听的女人是何等的迷人,她温柔的注视,她频频点头的赞同,她始终保持微笑的表情,会让每一个倾诉者都为之吸引和欣赏。

一个有修养的女人,会让自己做一个合格的聆听者,而不是一个唠叨的倾诉者。一个自律的女人,能够管住自己的嘴巴,这是一种基本的素养。所以,当你有太多说话的欲望时,不妨想一想那句西方的谚语:"上帝给了我们两只耳朵,一个嘴巴,其目的就是为了让我们少说多听。"

再复杂的世界，也要保持一份简单

> 华丽常常伴随着伟大，幸运更经常地来自于简单。
>
> ——威·沃森

从外表风光的女明星，到身边普通的女白领，越来越多的女人感慨活得太累。为什么累？很多人给出的理由是，生活中时时充斥着金钱、功名、利益的角逐，处处充斥着许多新奇和时髦的事物……谁不想追求高品质的生活？谁不想拥有想要的东西？被这个世界赶着跑，整天忙碌着，奋斗着，累是一种必然。

如果你也是这样，不妨先来听一个故事：

一个年轻人觉得生活很沉重，整天心烦意乱，便问智者：生活为何如此沉重？智者听罢，随即给他一个篓子，并指着前面一条沙砾路说："你每走一步就捡一块石头放进去，最后体会有什么感觉。"年轻人一路不停地拾拣，渐渐地他感到越来越疲倦。这时，智者说："这也就是你为什么感觉生活越来越沉重的原因。每个人来到这个世界上时，都会背着一个空篓子，然而我们每走一步都要从这世界上捡一样东西放进去，所以才有了越来越累的感觉。"年轻人放下篓子，顿觉轻松愉悦。

"人"字一撇一捺够简单的了，人却是最聪明又最复杂的动物，偏偏习惯把简单之事复杂化，把微小之事放大化，如此生活就会变得冗繁复杂、沉重忙乱。时下，不少女人常抱怨工作累、生活累、活得累。单纯的工作累或者生活

> 修行非一朝一夕之功，
> 而是时刻如是

累其实只不过是一个说辞罢了，心累，这才是实质。

与其抱怨世界复杂，不如心拥一份简单，把世界上一切复杂的纷扰都化"繁"为"简"，没有占有和控制人、物的负担，没有攫取金钱、财富、名利等的欲望，这就像一个长途跋涉者，甩掉一个又一个沉重的包袱，那么我们的心便会淡然，生命的路途上也会变得轻松快乐！由此可见，简单是一种境界，是人生心境上的一种历练、豁达，也是回归内在自我的一种途径。

年轻的时候，玛丽比较贪心，什么都追求最好的，拼命地想抓住每一个机会。有一段时间，她手上同时拥有13个广播节目，每天忙得昏天暗地。事业愈做愈大，玛丽的压力也愈来愈大。到了后来，玛丽发觉拥有更多、更大不是乐趣，反而是一种沉重的负担。她的内心始终被一种强烈的不安全感笼罩着。

一天，玛丽意识到自己再也忍受不了这种生活了，用这么多乱七八糟的事情来将生活中的每一分钟都塞得满满的，简直就是对自己的一种折磨。也就是在这个时候，她终于做出了一个决定：要摒弃那些无谓的忙碌，让生活变得简单一点，只有这样才能活出自我来。为此，她开始着手列出一个清单，把需要从她的工作中删除的事情都排列出来，然后采取了一系列"大胆的"行动。取消了一大部分不必要的电话预约，打电话给一些朋友取消了每周两次为了拓展人际关系的聚会，等等。

就这样，通过改变自己的日常生活与工作习惯，通过去除烦躁与复杂，玛丽感觉到自己不再那么忙碌了，还有了更多的时间陪家人，有了更多的思考时间，因为睡眠时间充足，心态变轻松了，她的工作效率得到了很大的提高，身心状况也变得好了很多，而且她每天都会有快乐和愉悦的心情。

人生最美好的事，是一辈子都能活得简简单单。就像由艺术家们摆放出的简单图案一样，每一个材料、摆放的位置都经过成熟的考虑，都经过千挑万选，才能呈现这样单纯美好却又引人无限遐思的作品。女人也是如此，最美好的是，

自律的女人，幸福迷人地位稳

千锤百炼之后，你是别人眼中一幅寓意深远却简单纯净的画。

做个简单的女人，最重要的不是外在容貌和穿着的打扮，而是头脑和心灵的滋养。简单不是傻，不是率性而为，而是明智大度；简单不是愚笨，是智慧，是大智若愚。在简单中成就，在简单中自得，此种心境甚是可贵。

丽丹是一个在职场打拼多年的女人，有一个幸福的家庭，一个可爱的孩子。工作和生活的繁忙虽然令人疲累，但她经常告诉自己要活得简单些。"房不在大，够住就行。衣不在多，够穿就行。饭不在多，够吃就行"，这是丽丹经常挂在嘴边的一句话，这种简单的心态让丽丹性情乐观，热情而爽朗。

在竞争激烈的职场上，她不依附权势，不追求金钱，更不会绞尽脑汁争名夺利，她对身边的每一个人都很友好，这使她看起来始终温婉和悦。职场拼杀之余，除了相夫教子，她会安静地读一点书，看一段散文，这使她向周围人呈现出的是清晨阳光般的笑容，端庄的气度，深厚的内涵。

简单，其实不简单。用纯粹的心体味生活，不挖空心思依附权势，不贪图名利富贵，更不计较那些不必要的复杂，这样的简单，摒弃了为人处世中的烦琐与复杂，便拥有了一颗沉稳宁静而广博透明的心灵，也就能够全身心投入到生活中，终究会体会到自身生命的精彩，感受到生活的意义，这正如一位哲人所说的："我们的生命如果以一种简单的方式来经历，连上帝都会嫉妒。"

拥有一份简单的心情，做一个简单的女人吧。用简单的心态，简单的观念，去自律自身行为吧，不物欲横流，不虚华浮躁，不骄奢淫逸。这样的你，心里将永远春花盛开，把心开成一朵芬芳美丽的花时，不仅惠人而且惠己，给人关爱的同时也会温暖自己，爱出者爱返，福往者福来。

你可知，成熟的稻子总弯腰

> 当我们是大为谦卑的时候，便是我们最近于伟大的时候。
>
> ——泰戈尔

如果你去过农村，见过稻田，你一定会发现这样一个现象：那些越是成熟的、饱满的稻穗越是"弯着腰"，而那些成长得不够饱满的、尚未成熟的稻子则直挺挺地站立着。一个有修养的女人，肯定懂得谦虚是一种美德，不要骄傲。越是那些有见识、有思想的成功女性，就越懂得这个道理。

不过，并不是所有的女人都知晓这个道理。不少女人喜欢骄傲自负，恃才傲物，对某方面不如己者，要么不屑一顾，要么恶语相向；更有甚者，以己之长量人之短，以己之聪明衬人之笨拙。这样的女人看似聪明，实则令人生厌，很容易为自己设置许多障碍，导致生活各方面陷于窘迫。

一个晴朗的午后，在位于纽约曼哈顿的美国著名企业"巨象集团"总部大厦楼下的花园长椅上，坐着一个美国中年女人和她的儿子，她很生气地在跟儿子说着什么。在离他们不远的地方，一位头发花白的老人正拿着一把大剪刀，修剪花园中的低矮灌木。剪过后的一排灌木都齐胸高，顶部齐刷刷的，就像一道绿色的围墙，漂亮极了。突然，老人看见中年女人从随身的挎包里揪出一团卫生纸，一甩手抛了出去，正好落在刚剪过的灌木上，一团白花花的卫生纸在青翠碧绿的灌木上显得特别刺眼。

> 自律的女人，
> 幸福迷人地位稳

老人朝中年女人看了一眼，什么也没说，走过去，拿起那团纸，扔进旁边的垃圾桶里，回到原处继续修剪灌木。哪知，中年女人又从挎包里揪出一团卫生纸扔了过去。老人依然没说什么，悄无声息地走过去，拾起那团纸刚扔到垃圾桶里，女人扔过来的第3团卫生纸又落在他眼前的灌木上。老人一连捡了中年女人扔的6团纸，但他始终没流露出丝毫不满和厌烦的神色。这时，中年女人指着老人对儿子说："我希望你明白学习的重要性，如果你现在不努力学习，眼前这个修剪灌木的老人就是最好的例子，将来你就跟这个老园工一样没出息，只能做这些卑微、低贱的工作！"

老人放下剪刀走过来，说道："夫人，请尊重我们的劳动。"

中年女人高傲地说："我是巨象集团所属一家公司的部门经理，说你几句怎么了！"

老人沉思了一会儿，说道："如果您不介意的话，我能借你的手机用一下吗？"

中年女人一边极不情愿地把自己的手机递给老人，一边又借机会开导儿子："你看这些穷人，这么大年纪了，连一只手机也买不起，你今后一定要努力学习啊。"

老人拨了一个号码，简短地说了几句话，就把手机还给了那女人。没过一会儿，中年女人突然看到巨象集团人力资源部的负责人急匆匆朝自己走来，她忙满面堆笑迎上去，可是那位负责人却径直走到老人面前，毕恭毕敬地站好。

"我现在提议免去这位女士在'巨象集团'的职务！"老人说。

"是，我马上按您吩咐的去办！"负责人连声应道。

"你……你为什么听一个老园丁的指挥？"中年女人惊诧莫名。

"什么老园丁？他是集团总裁詹姆斯先生！"负责人连声答道。

顿时，这位女士羞得满脸通红，颓然地靠在了椅子上。

一个不懂得谦虚、不尊重别人的女人，谈不上任何修养，自然也得不到别人的尊重和喜欢。这位经理女士就是最好的体现，她高看自己低看别人，摆出一副高傲的姿态，趾高气扬地对待老园丁，结果这些恶劣行为不仅令人嗤之以鼻，还白白丢了自己的工作，我们一定要引以为戒。

一个女人有才能是件值得欣赏的事，如果还能用谦虚的美德来装饰，那就更值得欣赏了。谦虚的女人时刻会警醒自己：人人都有值得尊重的地方，自己并不比别人高明多少。因此谦虚的女人总会给别人留下富有涵养，真诚可亲的印象，从而赢得他人好感。

其实任何人都没有骄傲的理由，相对于整个世界，个人的力量是渺小的。俗话说山外有山，天外有天，人外有人，谁也不可能是个"万事通"，谁也不能保证自己所学的知识一辈子够用，这就更需要我们自律一些，克服自以为是的毛病，用一颗谦虚的心对待别人，谦虚有礼，不耻下问。

Lucky 硕士毕业时，她的父亲已经是很有名气的汽车生产商了。父亲并没有直接给 Lucky 安排工作，而是让她到一家小厂上班，并说："成熟的稻子总弯腰，那些有才能，有阅历，知识丰富的女人，往往较为谦卑。到了工厂，千万别摆什么架子，要谦恭地对待周围的人，如果你不想成为孤家寡人的话。"

Lucky 没有忘记父亲的谆谆教诲，她对身边的每一位同事都很尊敬、很友好，她从最底层的零件打磨、组装做起，遇到什么问题都虚心地向工人们请教，就连门口的保安也成了她闲聊业务的伙伴。久而久之，工人们都喜欢上了这个女孩子，有什么问题总是喜欢和她共同探讨，Lucky 因此受益匪浅。

这样没过几年，Lucky 便对汽车生产行业的人事、产品及其流通、销售等情况了如指掌，顺理成章地从父亲手中接过了公司经营权。之后，Lucky 依然坚持在小厂时的谦虚作风，凭借着工作经验和员工们的鼎力支持，不到 3 个月就让公司上了一个新台阶，成了汽车行业举足轻重的人物。

古曰："满招损，谦受益"，人生无止境，事业无止境，知识无止境。要想让自己不断进步,你需要做的有时只是问一句:"你有什么看法""我不太明白,你能帮我解释一下吗""我没有理解你的意思,请再说一遍"之类谦恭的言语,尤其在对峙双方地域不同、文化背景各异的情况下。

著名文学家柴斯特·菲尔德说:"如果你想受到赞美,就用谦逊去作诱饵吧。"借用这句话,如果你想成为一个幸福迷人地位稳的女人,就把这句话当作座右铭吧!时刻谦恭一点,放下身份学习,让谦虚成为一种延续的常态,相信你定能不断创造新的辉煌,实力越来越强,成为人见人爱的万人迷。

> 修行非一朝一夕之功，
> 而是时刻如是

海纳百川，靠一颗宽容的心

> 紫罗兰把它的香气留在那踩扁了它的脚踝上，这就是宽恕。
> ——马克·吐温

生活中，每个人都难免会有过失、做错事的时候、冒犯他人的时候，如果这时你处在有理的一方、得势的一方、管束人和裁决者的一方，你会怎样做呢？尤其是他们的那些错误或什么事情牵涉到了你的利益时，甚至他们与你有着深仇大恨时，你将会怎样做？你是有些得意，刻薄刁难呢，还是宽容一点，给对方一个台阶下，放对方过去，不去为难对方，即使是仇人也放他一马？

古代君子的修为，修的是"严于律己，宽以待人"。可从古至今，多数女人在行事时都把这句话颠倒过来，与人相处时，只会爱护自己，无法体谅他人。不愿意宽容或原谅别人，总是喜欢斤斤计较，睚眦必报。若是能抓住别人的把柄，她们肯定不会放过，并借此大做文章。这样的女人不论生活还是做事业，都会有很大的阻力，甚至觉得事事不顺，这也难怪，你对别人苛刻，人家怎么能对你宽容？

有一位家里非常富裕的漂亮女士，不论其财富、地位、能力都无人能及。她随时随地可以和各种人合作，却常常郁郁寡欢，连个谈心的人也没有。于是，她就去请教一位禅师，如何才能赢得别人的喜欢。

禅师告诉她："用些禅心，拥有和佛一样的慈悲胸怀。"

女士听后，问道："此话怎么讲？"

禅师回答道："禅心就是你我一样的心、圣凡平等的心、宽恕一切的心、普济众生的心。在这颗心里，外界的任何不满、伤害、辱骂、诋毁以及诽谤等，都可以转化为欢喜、平静、慈悲等。"

女士听后顿悟，原来自己一直都不懂得宽容别人，对别人的错误耿耿于怀，不能释怀。于是，她一改从前的作风，对人总是谦恭有礼、宽容大度，不久就赢得了所有人的认同，拥有了很多知心的朋友。

为什么宽容具有如此不可思议的力量呢？这是因为，宽容是衡量一个人气质涵养、道德水准的尺度。宽容是对对方的一种尊重、一种接受，也是一种沟通，是人世间永恒的爱与被爱。"投之以木桃，报之以琼瑶"，你把宽容插在水瓶中，它便绽放出新绿；你若把它播种在泥土中，它便回报你累累硕果。

大海之所以纳百川，是因为它渊深；山岳之所以高万仞，是因为它博大。女人一旦拥有了宽容的美德，就会对世事时时心平气和，多了一份宁静，少了许多敌对，记住别人的好，忘掉别人的坏，如此势必会展现出优雅从容的修养，也就能处处契机应缘、和谐圆满，成为众人眼中最迷人的女人。

俄罗斯文学巨匠屠格涅夫说："不会宽容别人的人，是不配受到别人宽容的。"的确，只有你宽容地对待别人时，别人才有可能因你的宽恕而改变，为彼此创造一个更利于发展和生存的良好环境。即使是陌生人之间，多一分宽容，也常常能够使矛盾和纠纷化解于无形，这比任何道理的叙述都更有说服力。

里约和卢瑟，是一座海边小城里的两个富有的商人，平日，他们仇视对方，因为有对方，他们的生意始终有个对手，不得不把辛苦运来的货物压低价格。而且因为对方的货物不断上新，自己也必须走到更远的地方，寻找更新鲜的东西，才能吸引顾客，这又在无形中增加了辛苦和成本。

这天卢瑟在海边巡视自己的货船，他知道这个季节干燥，很容易发生火灾，

> 修行非一朝一夕之功，
> 而是时刻如是

仔细把几条船都检查了，才放下心准备回家。这时，他发现有几个生面孔登上了里约家最大的货船。不一会儿，货船冒出了一小缕青烟，卢瑟这才想到，里约最近得罪了城里的流氓，大概是对方想要报复里约，找人来烧他的船。而在之前，里约曾当众嘲笑卢瑟，卢瑟一直耿耿于怀。

"哼，活该，这下你等着倒霉吧。"卢瑟想。下一秒钟，他就觉得里约经营了十几年才有的这么几条船，一把火烧光，一辈子的心血都没了，太可惜了，于是他大喊："救火啊！有人烧船！"并亲自去提水救火。幸好发现得早，那艘船的损失并不大。

里约没想到，卢瑟是个如此不计前嫌的人，他郑重地向卢瑟道歉，并决定今后和卢瑟合伙做生意。从此以后，两个人成了至交，买卖也越做越大。

天下没有解不开的疙瘩，没有过不去的火焰山，更没有打不破的坚冰，一切的前提和基础就在于宽容大度不予计较。宽容是一种博大，能包容人世间的喜怒哀乐；宽容是一种需要自律才能具备的修养，是不可缺少的品质，人生中的一种哲学。

不要让心胸变得狭窄，做个宽容大度的女人吧，原谅别人的种种不足和过失，用宽厚仁慈的心去对待身边的人。和朋友发生不愉快时，多想想朋友平素对自己的帮助；和同事相处不愉快时，多想想自己有什么不对；和丈夫发生不愉快时，多想想丈夫对自己的疼爱；看别人不顺眼时，多想想别人的长处。

当我们拥有了宽容的心，也就成就了自身的伟大。

人世间最幸福的，是此刻正拥有的

> 为了生活是桩美妙的事而生活。
> ——罗曼·罗兰

生活中不缺美，缺的是发现美的眼睛。有句话说得很精辟："山坡上开满了鲜花，但在牛羊的眼中，那只是饲料。"

生活中不缺幸福，缺的是发现幸福的眼睛。有句话总结得很到位："幸福就躲在下一条街的拐角，只要你去找，就找得到。"

生活中不少女人对于眼前的和已经拥有的不屑一顾，总觉得这也不满意，那也不理想，似乎老天爷就故意跟自己作对似的。有着满满一衣柜的衣服，却仍觉得少了那么一件；可以开个轿车代步，却总想着4S店里的那辆"宝马"；有稳定而安逸的生活，却总想着什么时候能疯狂闯天涯……

不幸往往源于自己，烦恼往往源于比较，痛苦往往源于不知足。

丫丫总感觉自己长得不漂亮，即使想整容也没有充足的资金。20多岁的她，在爱情路上走得也很不顺，总是找不到让自己满意的那一位。所有这些，都让丫丫觉得自己是这个世界上最不快乐的人。为此，她整天闷闷不乐。一天，丫丫对妈妈抱怨说："我真搞不懂，上学的时候我努力学习，工作了我努力地工作，可我到现在既没钱也没事业，还没爱情。老天爷怎么就那么讨厌我呀，我真是太不幸了。"

> 修行非一朝一夕之功，
> 而是时刻如是

"丫丫，因为这些事情，你就觉得自己的人生很悲惨吗？"妈妈由衷地说。

"当然了，我的情况你都很清楚啊，难道你不觉得我很悲惨吗？"丫丫奇怪地问妈妈。

妈妈慈祥地问她道："我们做个假设，假如把你送到一个没有人的小岛上，让你永远见不到家人和朋友，却给你理想的收入，你愿意吗？"

"当然不干。"丫丫摇摇头，非常明确地回答。

"那么妈妈再做个假设，假如让你掉下一根手指，让你成为百万富翁，你同意吗？"

"当然不愿意。"丫丫斩钉截铁地回答。

妈妈接着问道："那……假如让你满足你现在所有的愿望，但是要让你马上变成80岁的老太太，你会考虑吗？"

"不，绝不同意。"丫丫坚定地说。

和女儿进行完这一段对话，妈妈笑着语重心长地对丫丫说："这就对了，你要知道你还年轻，你有健康的身体，你有很多人没有的亲情和友情。你还为什么哀叹上帝不眷顾自己呢？"

顿时，丫丫愕然无言，突然间什么都明白了。

你悟到幸福的真谛了吗？幸福是什么？幸福没有绝对的定义，幸福只是心的感觉。心好一切都好，心美一切都美，心快乐一切都快乐，心幸福一切都幸福！当一个女人拥有了知足的心态时，就拥有了一颗发现美好、快乐和幸福的心，就拥有了一双从纷乱的世界中找到幸福的眼睛，就能幸福得像花儿一样。

老子认为，"祸莫大于不知足，咎莫大于欲得。故知足之足，常足矣"。人的欲望如同黑洞一样，没有填满的时候，任由其膨胀，则会由此生出许多烦恼。

有些女人或许各方面都不理想，没有好的收入，没有好的相貌，没有好的身材，等等。但她们却能自律控制自己的欲望，接受自己所拥有的，且善待它，珍惜它，无论身在怎样的环境下，她们的脸上都能洋溢着幸福的笑容，将日子过得精彩纷呈，令众人艳羡不已。

在美国的一个小镇上，住着一位耄耋之年的老太太，在众人看来她是镇上最幸福的女人，因为她每天都活得很快乐，镇上的人们也都喜欢和她在一起。有记者前来采访，问及老太太快乐的缘由，她非常自豪地说了这么一句话："因为我是这个小镇上最富有的人。"

没多久，老太太的这句话就传到了税务稽查人员的耳中。稽查人员迅速地来到老太太家，开门见山地说道："我们听说，您自称是最富有的人，是吗？"

老太太毫不犹豫地点点头说："是的，我想是这样。"

稽查人员一听，便从公文包里拿出笔和登记簿，继续问道："既然如此，您能具体说一说您所拥有的财富吗？"

听了这句问话，老太太兴奋地说道："当然没问题，我有健康的身体，这是我最大的财富。别看我已经90岁了，但我生活能自理，想去哪就可以去哪，我不用去医院，不就相当于省钱和赚钱了吗？"

稽查员有些吃惊，仍然耐心地问："那么您还有其他的财富吗？"

"当然有，我的老伴很疼爱我，我们一起生活了60年，我非常幸福。另外，我还有好几个很孝顺的儿子女儿，他们也都成家立业了，很健康，很快乐，这同样是我的财富。"

稽查员再次耐着性子继续问："还有吗？"

"有的，我是个堂堂正正的美国公民，我享有宝贵的公民权，这对我来说也是不容否认的财富。还有，我有一群好朋友，还有……"

听老太太说了这么多，稽查员还是没得到想要的答案，于是有点忍耐不住了，便单刀直入地问："我们最想知道的是，您有没有银行存款、固定资产或者有价证券之类的财富？"

> 修行非一朝一夕之功，
> 而是时刻如是

老太太听后，干脆地回答说："这些完全没有。"

稽查员又问："您确定没有吗？"

老太太诚恳地回答："肯定没有。除了刚才我说的那些财富，其他我什么也没有。"

此时，稽查员将登记簿收了起来，对老太太肃然起敬地说道："的确如您所说，您是这个镇上最富有的人。谁都拿不走您的财富，连政府都不能收取您的财产税。"

这位老妇人的想法着实令人赞赏，尽管没有多少财富，但她懂得感恩自己所拥有的一切，而她也只看到了自己所拥有的一切，因此她发自内心地感到富有和快乐，感到自己已经身在福中。当下拥有的才是无价的，珍惜已经拥有的东西，这是一种多么难能可贵且令人欣赏的品质呀！

作为年轻女性，我们真应该向这位老妇人学习，调整自己的价值观，当向往别人的美好时，更要多关注自己已经拥有的幸福。肚子饿坏时，有一碗热腾腾的面放在你眼前，是幸福；累得半死时，有一张软软的床让你躺上去，是幸福；哭得伤心欲绝时，旁边有人温柔地递过来一张纸巾，是幸福……

幸福是属于自己的事儿，一直在那里，不增也不减，我们早已"身在福中"，只是不自知而已。所谓拥"有"，是有限有量；所谓空"无"，是无穷无尽，如能以"有"的胸怀来消除"无"的狭隘，我们就会发现幸福无处不在，人生便会多一些从容，多一些达观，从而常乐。

你越是低调，越能征服人心

> 闪电总是击打最高处的物体，所以，做人要低调些。
>
> ——佚名

喜欢表现自我，这是人的一种正常的欲望，但什么东西都是过犹则不及。中国有句俗语叫作：枪打出头鸟。有时过分地展示自己，就显得过于刻意，让人觉得张扬跋扈，可能造成适得其反的效果，甚至让人感觉锋芒毕露，虚假做作，从而使人认定没有修养，弄不好还会招人嫉妒，实在得不偿失。

有一个名为 Eely 的富家少女，有着美丽迷人的外表，但她可不是一个中看不中用的花瓶，Eely 处理工作的能力很强。她曾经在家人的支持下，到美国留学。回到国内以后，她就在一家专门的翻译机构，当女翻译。这家翻译公司女职员很多，也许是长期的优越感，使 Eely 时时都想表现自己，希望自己成为全公司最显眼、最美丽的一个。

Eely 从小被家人众星捧月般捧在手心，在公司她事事都以自己为中心，希望身边的每一个同事都能为自己服务，听从自己的指挥。为了展示自己的完美和与众不同，Eely 无论在工作上，还是在生活上，甚至在男友标准上，都高人一等。无论在哪里，她都想方设法地将自己弄成最受瞩目的一颗明星，甚至将公司其他的女人当作体现自己的陪衬物品。一旦 Eely 这种虚荣心理不能够被满足，就大加嗔怒，乱发脾气。

> 修行非一朝一夕之功，
> 而是时刻如是

由于工作努力和成绩突出，Eely 受到了公司的表彰。在公司的总结大会上，Eely 毫不收敛地发言说："我所取得的成绩是大家有目共睹的，我能取得这样的成绩，在于我凡事都不会只看表面，就像下象棋，我喜欢走一步看三步，目光长远，高瞻远瞩是我的最大优点，也是我的性格。"她的发言，让公司很多员工十分反感，因为一个人的成就离不开团体的合作，她却将工作的成绩全都算在自己头上，没有考虑公司其他员工的努力。

Eely 很快就为自己张扬的性格尝到了苦头。日子久了，谁都不想再和 Eely 合作了，最主要的一点，没有人愿意环绕在另一个人身边，做另一个人的陪衬。可惜，亡羊未能补牢，意识到自己处于孤立状态的 Eely，并不认为问题出在自己身上，而是觉得很有可能是因为同事们太嫉妒她才会这样，也有可能是因为同事们在她面前自惭形秽，才会疏远她的。

过分展示自己，太过高调的女人，最终只能被人抛弃，被孤立。例子中的 Eely 就是一种高调的体现，她的高调显得太张扬了。殊不知，是金子总会发光的。真正有内涵、有智慧的女人，不会刻意吸引人的眼球，而是克制自己的表现欲，将自己最自然、最完美的一面，自然大方地展现在别人眼前。

低调做人，不光是普通女人做人处事的行为准则，一些事业有成的女强人，更应该记住这一点。苏轼的水调歌头中说道："高处不胜寒。"一个不论取得了多大成就，地位何等显赫的人，都应该保持低调做人的姿态。因为，在取得重大成就的同时，也有更多的眼睛盯上了你，她们可能觊觎你的高位，可能嫉妒你的成就。不怕贼偷，就怕贼惦记，这时候你的麻烦就到了。

那么，什么是低调呢？怎样做才算低调？在低调的同时，又如何做到让自己不淡出别人的视线，走向另一个极端，成为角落里的灰姑娘呢？女人应该首先了解低调的含义，低调做人是一种境界，是一种风度。在处理事情和工作上展现突出的能力，但在与人相处的过程中，又不表现出自我卖弄、性格张扬的特点，这种内敛深沉的性格，是一种值得欣赏的道德修养。

在生活中，我们会发现这样一种情况，一个人一文不名的时候还显得比较谦虚，但一旦得势，便矜才使气，再也不低调了。如何能在飞黄腾达之后保持自己的低调作风？这就需要人的自我约束，自律！

"真正有气质的淑女，从不炫耀她所拥有的一切，她不告诉人她读过什么书，去过什么地方，有多少件衣服，买过什么珠宝"，这是著名作家亦舒的一句经典话语。亦舒是这样说的，也是这么做的。在未成名之前，她就一直要求自己要低调，踏踏实实地做人，踏踏实实地写作。虽然她有那么多的"心得"，但她在人前很少表现自己，始终保持平和的心态去对待人和事。

后来，亦舒的作品越来越红了，但她没有因为出名了便抛头露面，依然低调地做她的隐身人。面对应接不暇的活动邀请，后来她干脆放弃香港繁华热闹的名作家的生活，带着一家人移民到寂静的加拿大，过着低调的，几乎是隐姓埋名的生活，虽少与人接触，但思想尖锐、充满现代时尚气息的作品却一部部地问世。

低调做事的核心体现是脚踏实地，做好自己想做的每一件事情，有条不紊，按部就班，就如同亦舒一般，通过强大的自制力和意志力，管住自己那颗势利之心，用内在的魅力征服别人的心。越是这般低调，越是深得人心。

内涵和淡泊的性格特点，是低调的首要前提，说白了也就是深藏不露，东方人素来将含蓄作为美。花最美丽的时刻，不是花开得最娇艳的时刻，而是花骨朵含苞待放的时候。那迎风伫立的花苞，似乎蕴藏了所有的美丽和灵气。低调做人的女人，就是将自己的美丽蕴藏在花苞当中。

> 修行非一朝一夕之功，
> 而是时刻如是

赞美如花浸润我们的心田

> 要改变人而不触犯或引起反感，那么，请称赞他们最微小的进步，并称赞每个进步。
>
> ——卡耐基

有些女人不爱说话，她们更喜欢安静地听别人高谈阔论。你以为她们不过是些不开口的鸟儿？错了，她们才是真正厉害的沟通者，不说则已，一开口总有人停下手中的动作，听听她们说什么，即使她们说的话很简单，人们也会觉得"有道理""听她说话就是不一样"。惊讶吗？难道这些女人会妖法？

才不是，她们只是懂得赞美罢了。

格林先生是一个很好客的人，有一次他请关系不错的几个朋友到他家里去吃烤肉。这是一个小型的家庭聚会，格林先生已经在自家的院子里摆好一排排烤肉架，这次聚会既是为了庆祝孩子的生日，也是为了与朋友们联系感情，所以不但请来他自己的朋友，也请来了格林太太的朋友，场面很热闹。

过完开心的一天后，客人们散去了，格林太太一边干活，一边和先生说话："听到我的朋友们都说什么了吗？她们希望以后每个月都举行一次聚会呢。"

"我听到了。"格林先生笑着说。

"你对我的哪个朋友印象最深刻？"格林太太问。

"珍妮。"

自律的女人，
幸福迷人地位稳

"咦？"格林太太有些意外，"可是，你并没有和她说上一句话啊，而且珍妮也不是丹、罗斯那样的美女，你为什么会记得她呢？"

"因为我听到她对你说了一些话，"格林先生说，"她说：'我真羡慕你，你有一个多么好的老公，他这样精心地为我们准备这次聚会，又如此考虑你的朋友，他的服务真周到，他是真的爱你。'"

只要是人，就都希望获得别人的赞美。这一点无须怀疑，因为带有赞美意义的话语，是对人们的某种行为给予的肯定和奖赏，这输送的是一种正面的信息，是一种尊重，一种理解与认同，能给他人带来一种积极、愉悦的心理感受，你会得到接受你赞美的人的直接、友好的回馈，哪怕有时你的赞美是没有任何利益目的的，你也会得到"气质太不一般了"或"你真与众不同"之类的评价。

大家都应该有过这样的体会，我们经常听到商家在介绍商品时会赞美客人，见了女人就说"漂亮""有气质"，见了男人就是"好帅""有魅力"。诸如此类的话虽然没有什么区别，你也知道商家只是恭维而已，但你绝不会感到厌恶，而是脸上禁不住微笑，就算再内向、再腼腆的人也会在心里沾沾自喜，这就是人性。

赞美是一件好事，但绝不是一件易事。虽然它好像不需要什么金钱投入，但是使用起来却需要很高的心理成本。更多的时候，在这个竞争激烈的社会里，不少女人总想超越别人，不愿意去发现别人的好。当发现别人的好时，更多的是羡慕，有时候会嫉妒，偶尔会恨，所以不愿意赞美对方。

因此，赞美需要很强的自律能力，也就是我们要克服自身的嫉妒心、好胜心，以宽广博大的胸怀去包容别人，用欣赏的眼光去看待别人。

兰惠是一位化妆品公司的女老板，如果就表面来看，她貌不惊人，才不出众。可是，就是这样一位相貌、能力平平的女人，却有着异乎寻常的吸引力，周围的许多朋友都喜欢和她在一起聊天。更神奇的是，这个行业里最优秀的顶

> 修行非一朝一夕之功，
> 而是时刻如是

尖人才都聚集在她麾下，而且任凭别的公司高薪挖墙脚都挖不走。

有许多人对此不解，就问兰惠有何管理人才的秘诀。兰惠淡然一笑，回答道："其实，我根本就没有什么秘诀，如果非要说有的话，那就是我愿意真心诚意地赞美我的员工。"

"听听我的故事吧，"兰惠继续说道，"刚毕业找工作时，我到一家化妆品公司应聘导购。经过三轮应试，只剩下包括我在内的5人进入最后决赛，当时每个人发挥都很出色，最后我应聘成功了。知道为什么吗？因为当竞争对手演讲至精彩之处时，我总是情不自禁地为其鼓掌，低声说一句'说得真好''她的表现真棒'，这一无意间的举动被主考官看到了，她毫不犹豫地留下了我。"

赞美他人所带来的好处，让兰惠始料不及，在以后的工作中，她更是秉承这种作风，即使身为经理后，当下属通过自己不懈的努力取得好的成绩时，兰惠总是能够第一个为她们送上自己的赞美，而且绝对没有嫉妒，没有嘲笑，完完全全发自内心，不但真诚，而且毫无造作与虚伪。难怪员工愿意在她手下工作，并且在各自的工作岗位上奋发进取，不断取得更好的成绩。

不要说别人没有可以赞美的地方，要知道每个人身上都有闪光点。

看过这样一则故事：一位年轻的妈妈领着她的双胞胎女儿来到了一个花园。年轻的妈妈看到了满园的玫瑰，不禁陶醉，于是问两个女儿这个地方怎么样。姐姐回答说："这儿太糟了，每一朵花下都有刺。"而妹妹则说："这儿太好了，虽然枝条上有刺，可每个枝条上都有一朵美丽的花。"

同样一束玫瑰，姐姐看到了浑身是刺，而妹妹则看出了芳香四溢，娇艳动人。为什么同是一件事物，会产生两种截然不同的结果呢？因为两个人看待玫瑰的眼光不同。姐姐看到的是玫瑰花下的刺，而妹妹看到的是玫瑰的花朵。看物如此，看人亦然。当我们用挑剔的眼光去看待别人时，会觉得他到处都是不足之处，浑身是"刺"；而以欣赏的眼光看人，则会觉得他优点多多，光芒四射。

生活赋予我们的并不都是竞争，不都是打击，不都是敌对，更多的是赞美。你慷慨地赞美他人，他人就不愿对你小气；你赞美他人有礼貌，他人就不好意思对你无礼。比如，对于经商的人，可以称赞他头脑灵活、生财有道；对于知识分子，可称赞他知识渊博、宁静淡泊；对于年长者，可以称赞他成熟稳重、富有阅历；对于年轻人，可以称赞他神采飞扬、活力四射，赞美他前途无量……

赞美他人要恰到好处，不要太露骨，那会让人觉得谄媚；

赞美他人不要拉上具体的人做对比，说出"你比××强太多了"这样的话，不然那个××听到，一定对你怀恨在心；

赞美不要太空泛，要有具体实例，才能让被赞美的人信服，产生飘飘然之感；

赞美他人切忌胡乱比喻，言不及义，你信口胡说，想拍马屁却拍到了马蹄子上。与其这样，还不如老老实实地说几句没有文采的正常话。

……

从现在开始，请你在日常生活中学着赞美别人吧，把它当成一种习惯，坚持下去。不论对方表面上的反应是害羞、惊讶，还是感激，你的善意已经灌溉了他心中的花圃，将开出朵朵心花，美化你人生的视野。而且你展现的是宽广博大的胸怀，别人对你的印象分自然会提高，还你友情和坦诚。

愿你将这一品质长成一树繁华，留得一路清香。

Chapter 6

在一朵花开的时间里，
请用心聆听

亲爱的，即使身边所有人都急不可耐地往前冲，你也要稳稳当当，一步一步慢慢走。一步，看似很短；一生，看似很长。但滴水可以穿石，铁杵可以磨成针。不紧不慢，自律自控，去做那些微不足道的小事，就是一天最重要、最美好的事。对每一件小事有要求，用点心，就会铸造出一个最好的你。

活在当下，不浪费每分每秒

> 快乐活在当下，尽心就是完美。
>
> ——林清玄

生命的意义是珍惜当下，我们不是为过去而活，也不是为未来而活。可惜不少女人不懂这个道理，总是一味地留恋过去的事情，或者一味地憧憬未来更美好的东西，而忽视了此时此刻的拥有。结果，令有限的精力被无端浪费，大好的时光被白白地流逝，幸福不起来。

曾读过这样一个故事，令人颇有感触：

一位哲人旅行时途经一座古城的废墟，岁月让这座城池极尽荒芜，但他凭着自己锐利的眼光还是看出这座城池昔日辉煌时的风采。城池的兴衰给哲人带来了无尽的思索，他随手搬过一个石雕坐下来，不由得感慨万千。

忽然，一个声音飘进哲人的耳朵："先生，你感叹什么呀？"哲人四下张望却没有人，后来发现声音来自自己坐着的石雕——那是一尊"双面神"石雕。哲人没见过双面神，奇怪地问："你为什么会有两副面孔呢？"

双面神说："有了两副面孔，我才能一面察看过去，牢牢吸取曾经的教训；另一面瞻望未来，去憧憬无限美好的明天。"

哲人听罢，说道："过去的只能是现在的逝去，再也无法留住；而未来又是现在的延续，是你现在无法得到的。你不把现在放在眼里，即使你能对过去了如指掌，对未来洞察先知，又有什么意义呢？"

听了哲人的话，双面神不由得痛哭起来："你的这番话让我茅塞顿开，我终于明白，我今天落得如此下场的根源。"

哲人问："为什么？"

双面神解释说："很久以前我驻守这座城池时，总是一面察看过去，一面瞻望未来，却唯独没有好好把握现在，结果这座城池被敌人攻陷了，美丽的辉煌成了过眼云烟，我也被人们唾骂而弃于这废墟中。"

人生不是徘徊，人生不是等待，人生最好的时光就是现在。"昨天"属于记忆，好也罢，不好也罢，反正都已经过去，不能挽回，也无法更改；"明天"属于幻想，好也罢，不好也罢，反正还没有到来，不能预知，也无法预定。人唯一能够做的，就是充分利用"今天"，不让每分每秒虚度。

你想做令人羡慕的幸福女人吗？那就要学会克制自己，对过去已发生的事不作无谓的留恋与计较，对未来会发生什么也不去作无谓的想象与担心，让自己真实地活在当下。

什么叫作"当下"？简单地说，"当下"指的就是你现在正在做的事、待的地方、周围一起工作和生活的人；"活在当下"就是要你把关注的焦点集中在这些人、事、物上面，全心全意认真去接纳、投入和体验这一切。没有过去拖在后面，也没有未来拉着往前时，生命全部的能量都集中在这一刻，生命也就具有了一种巨大的张力，喜悦由心所生，这就是幸福的最好写照了。

弟子们跟着大珠禅师修道已经好几年了，常常听禅师说"禅"这个字，却不明白究竟什么是禅。有一次，一名弟子与大珠禅师吃饭的时候，忍不住问："师父！你们不是常常说禅吗？到底什么是禅啊？"大珠禅师停下手中的筷子，冷冷地看了弟子一眼，什么都没有说。到了晚上睡觉的时候，这名弟子又忍不住问大珠禅师："师父，你快告诉我，到底什么是禅啊？"这次大珠禅师有动作了，他轻轻地用手敲了敲小和尚的头，然后闭着眼睛说："吃饭的时候吃饭，睡觉的时候睡觉，这就是禅！切勿吃饭时不吃饭，须索百种；睡觉时不睡觉，而千般计较。"

"吃饭的时候吃饭，睡觉的时候睡觉"这句话确实禅意十足，我们在吃饭时想着睡觉，在工作时想着休息，在恋爱时想着分手，在拥抱时还在看表，在上床时想着工作，在上班时想着下班……我们不能在当下的一刻做专一的事，所以我们还是凡人，没能成为一个得道悟禅的大师。

时间是由无数个"当下"串联在一起的，每一个瞬间、每一个当下都将是永恒。林清玄在作品《前世与今生》中说过这样一句话："昨天的我是今天的我的前世，明天的我是今天的我的来生。我们的前世已经来不及参加了，让它们去吧！我们希望有什么样的来生，就把握今天吧！"

我们来看一篇由一位 80 岁的老妇人写的文章，内容大概是这样的：

这些年来我一直很愿意牺牲当下，去换取未知的等待。"等到我买房子以后，我就来场国外旅行""等我把这笔生意谈成之后，我会准备一顿美餐，好好犒劳自己"……我一直在这样告诉自己，我每天都在为了这些事情忙碌，而一刻也停不下来。直到活到 80 岁，生命快要结束的时候，当我不得不停下来的时候，我才深深地意识到，我还有很多事情没有做，有很多话来不及说，很多东西都还没有吃过……我将再也没有机会了，这实在是人生的失败和遗憾。

假如生命能够重新来过的话，我发誓，我一定要享有更多那样的时刻——每一刻、每一分、每一秒。如果一切能重来，我要做什么呢？我会在早春赤足到户外踏春，在深秋里买自己喜欢的呢子大衣，我还要去游乐园坐几次旋转木马，多看几次日出，跟朋友们一起欢笑，只要人生能够重来。但是你知道，不能了……

这段话写得很美，但也充满了苍凉之感，突出了老妇人对没有认真享受生命的遗憾。可是，当她明白这一切的时候，已经太迟了。读完这段话，想必你也会深深地为老妇人感到遗憾吧！由此可见，此时此刻，及时享受生命的美好，才能用心演绎生活的精彩，才能让自己一生无憾。

此时此刻便是一个停滞的当下，它正静静地、悄悄地从我们身边流过，你只需凝神静享，躺在时间的河流里接受当下的润泽。它可以是在阳光下的悠然漫步，可以是黄昏里的默默执手……只要你用心去感受，你就可以在有限的时间里做更多的事，赢得时间能够给予的一切，包括你自己的未来。

世界很大，幸福很小

> 不管去哪，不管什么天气，永远带上自己的小太阳。
> ——《你好，小确幸》

生活在现代商业社会中，不少女人信奉"金钱第一"，认为有了钱就什么都行得通，但是回首自身生活，你是否会有这样的困惑：拥有的金钱真的越多越好吗？当我们拥有了更多的钱，可以买到更多好吃的、好穿的、好用的、好住的，我们就过得更快乐、更幸福吗？不会，过去不会，现在不会，将来同样也不会。

有这么一个故事，令人深思：

有一个外国商人，辛辛苦苦地忙了大半辈子，终于挣足钱过上了好日子，坐拥百万资产，家有良田万顷，并拥有一栋豪华住宅，但是他时常觉得闷闷不乐。他觉得等将来自己更有钱了，一切就好了。这天，商人坐船到了西班牙海边的一个渔村度假，想静静地晒晒太阳，享受一下自然的美好。

在码头上，商人看见了一个衣着破烂的渔夫从海里划着一艘小船靠岸，船上有好几条大鱼，只见他一边划船，一边哼唱着歌，一副优哉游哉的神情。商人很羡慕这个快乐的渔夫，问他："您每天要花多少时间就可以抓到这些鱼？"

渔夫回答："一会儿工夫就抓到了，不用费多大力气。"

商人说："为什么你不再多抓一会儿？这样你就可以抓到更多的鱼了。"

> 自律的女人，
> 幸福迷人地位稳

　　渔夫不以为然地说："这些鱼已经够我一家人一天的生活了，我为什么要抓那么多呢？而且我已经累了，需要回去和孩子们玩一玩，再睡个午觉。黄昏的时候到村子里找几个朋友喝点酒，再弹会儿吉他。"

　　商人听了摇了摇头，并且帮他出主意："我给你出一个主意你可以挣大钱。你应该多花一些时间去抓鱼，然后攒钱买条大些的船。到时候你就可以抓更多的鱼，再买渔船，到时候你就可以拥有一个渔船队。你直接把鱼卖给工厂，这样可以挣更多的钱，然后你还可以开一家罐头厂，这样你就可以做有钱人，过上幸福的生活。"

　　渔夫问："我要达到这些目标需要花多少年的时间呢？"

　　商人说："大概 15 年到 20 年。"

　　"然后呢？"渔夫问。

　　商人说："然后？然后你就会更加有钱，你可以挣好几个亿呢！"

　　"再然后呢？"

　　商人说："那你就可以退休了，你可以每天睡到自然醒，然后出海抓几条鱼，捕鱼回来后和孩子们玩一玩，再睡个午觉。就像你说的，黄昏的时候到村子里找几个朋友喝点酒，再弹会儿吉他。"

　　渔夫听完，非常不解，他说："我现在的生活不就是这个样子吗？为什么我还要绕那么大个弯子呢？更重要的是等我做够了那些事，赚到了足够的钱，也许我已经没有时间来晒太阳听海了。"

　　商人怔住了，惊诧不已，思索良久……

　　在这个事例中，外国商人和乡下刚好满足温饱的渔夫，物质上显然不成比例，但在精神的愉悦上，前者并不见得会比后者开心。由此可见，幸福与一个人所拥有的物质财富的数量可能成正比，但又不一定成正比，它们之间并不能画上等号，因为幸福和心态有关，是一种主观的感受。

有些女人总会羡慕另一些女人，你看谁谁多幸福，真让人羡慕。是她们真的幸福吗？事实上，她们或许有着更多的烦恼，只是她们善于从生活中一件微不足道的小事中发现幸福、咀嚼快乐，并品尝这些小小的幸福带给自己的满足。这就像棉花糖，一絮絮、一丝丝，慢慢品尝，就会有甜味，甜到心里。

玛雅虽然相貌不出众，才能不拔尖，是一个各方面普普通通的女人，但是她却是自己圈子里最有魅力的。不为别的，在生活中她总是微笑着，看起来活得很快乐，甚至经常一个人的时候也会忽然笑起来。

"玛雅你笑什么呀？"同事问。

玛雅用手一指办公室的窗外，"你看那个树上挂着一个鸟窝，鸟窝上粘几片叶子，还有那个树枝，哈哈。"

同事们瞧了瞧，不以为然，玛雅就用手机拍下来，给大家看。果然照片上显示出一个笑脸，那是由鸟窝、树叶和树枝组成的。这么别致的笑脸，每天挂在办公室窗外的树上，只有玛雅一个人发现，她就比其他人幸福得多。

一个人只要内心觉得幸福，清贫而听着风声也是一种幸福。孔子曾经夸赞他最疼爱的弟子颜回："贤者回也，一箪食，一瓢饮，在陋巷，人不堪其忧，回也不改其乐。"住在一个破烂的小地方，厨房里只剩下一小筐粮食，一小勺水，别人都忧虑得焦头烂额了，颜回仍然不改其乐，无疑他是幸福的。

世界很大，幸福很小。

如果想做个幸福的女人，就要用心一点，克制对金钱的欲望，在平凡生活中寻找快乐，感受那些小小的幸福，为一个小小的祝福而心存感激；为一份小小的友情真诚地感动；为一个小小的礼物欢呼不已；为一个小小的关心充满怀念……也就是这些小小的幸福，让我们的生活变得多彩，生命变得醇厚。

英国一家名叫"三桶白兰地"的机构，发起了一项针对3000名英国人的小调查。调查中，研究人员列出了50个不同的选项，让这3000名受访者勾选。

其中,"在旧牛仔裤的口袋里发现 10 英镑"成为最让英国人感到快乐的一件事。10 英镑就可以换来幸福,这样让人感到幸福的小事其实还有很多很多。

不管富贵与贫穷,我们都需要懂得寻找人生的幸福。一点点积攒身边每件小事带来的幸福感,你会发现,忧愁和压抑感会自然从内心深处消失,你已经体味到了幸福的滋味,你也可以主动去寻找这种幸福的感觉,让自己平凡的生活发生奇妙的变化,让平凡的日子处处飘满快乐的花香。

列出能让你切实感觉到幸福的小事吧:

泡个热乎乎的热水澡

大冬天在被窝里看电影

烧拿手好菜给心爱的人吃

父母脸上的笑容

朋友们愉快的聚会

一个人旅行看到的美景

收拾得干干净净的书桌

享受清晨的微风

看一本好书

听一首小夜曲

独酌一杯小酒

……

亲，你管好自己的时间了吗？

> 抛弃时间的人，时间也抛弃他。
>
> ——莎士比亚

一个自律的女人，应该是一个时间管理的高手。所谓时间管理就是指在同样的时间耗费状态下，为提高时间的利用率，而实施的控制工作。

时间对于我们每个人来说，都是平等的。每个人一天的时间都是24小时，没有人会多一分钟或少一分钟。从这个角度来说，决定个体生命高度和质量的，不是时间本身，而是把握时间的能力大小。我们可以通过对时间进行管理，克服掉浪费时间的坏习惯，从而使我们的行动更有效率。

在实际生活中，我们经常看到有些女人整天忙得不可开交，似乎每天都有忙不完的事情，但是却不见得有什么大成效。仔细分析，究其原因，不懂时间管理。她们不是忙得没有时间，而是没有管理好自己的时间。对此，美国的时间管理之父阿兰·拉金说："勤劳不一定有好报，要学会掌控你的时间。"

苏珊毕业后应聘到一家信息咨询公司，并被分配到这家公司新开设的汽车信息部跑业务。苏珊工作上没有比别人少出过一分力气，但并没有发展多少客户。公司采用的是佣金制，即完成多少工作量，发相应数目的薪金，由于没有多少业绩，发薪的日子，看到别人兴高采烈，她却只能独坐一隅。苏珊感到很苦恼，于是向上司求助。上司问："你是不是每一天都在很忙碌地工作？"苏珊

自律的女人，
幸福迷人地位稳

回答说："是啊，别人上班我也来上班，别人下班了我还不见得下班呢。"上司继续问："那你每天的工作流程是怎样的？"苏珊想了想，说："你知道，我们做业务的联系客户是第一位的，我每天早上一起来就给客户打电话，一直要打到中午十二点，然后下午再整理我的文件，第二天早上依旧打电话……"

苏珊说到了这里，上司打断了她的话，对她说："这样吧，你明天上午来公司什么都不要干，你要做的就是在下午的时候联系顾客，然后次日上午整理文件。"自己辛苦工作都没有好业绩，而上司却让明天上午什么也不做，这样就能取得成绩了，这样行得通吗？苏珊将信将疑，但最终她还是按照上司的方法去做了。结果，没几天苏珊就发现自己的业绩有所好转。这让她感觉很意外，又去找上司请教这里的奥秘。上司对苏珊说："你原来工作业绩不好的原因在于你的工作时间不太合理，也就是你在上午的时候联系顾客。你想想，这个时候顾客要么在上班的途中，要么干脆还在睡觉，你选择此时联络他们，能有好的效果吗？事先分配好时间才能事半功倍啊。"

对于时间管理的精确把握，来源于自律精神，这种自律精神不是一味蛮干的自我约束，而是对时间的支配。尤其当你面对堆积如山的工作时，先不要慌慌张张，而是要思考如何高效率地分配时间。只要事先分配好时间，并安排事情的先后顺序，我们就能摆脱忙碌紧张的状态，轻而易举地处理好问题。

的确，每一个人的精力和时间都是非常有限的，只有将主要时间与精力放在最重要的事情上，才能达到事半功倍之效。这就涉及管理学上的"二八法则"，即意大利经济学家帕累托所提出的80/20法则，即要把80%的时间花在能出关键效益的20%的事情上。忙到点子上，忙出高效来。

一个自律意识强的女人有着非常好的时间观念，她们对于时间有着非常强的紧迫感，因此总能主动地把握时间、规划时间、管理时间，能高效率地利用好自己的时间，在有限的时间内做最重要的事情，如此也就能处处展现出泰然自若的魅力。

　　Y女士是一家著名企业的经理，她并不是工作狂，但她业绩斐然，逍遥自在。她每天有那么多事情要处理，还能将自己的时间安排得有条不紊。她不但能抽出时间阅读自己喜欢的书籍，以休闲娱乐来调剂身心，并且还有时间带着全家出国旅行，难道她一天不是24小时吗？正确答案就是，他们比别人更善于管理时间，并将它有效地运用。

　　Y女士的手上从未同时有三件以上的急事，通常一次只有一件，其他的则暂时摆在一旁，而且她会把大部分时间拿来思索那些最具价值的工作，比如公司的总体发展规划、年度工作任务、行业发展前景等；Y女士只参加重要客户的会议，走访一些重要的客户，然后，把所有精力拿来思考如何实现与重要客户的交易，以及公司如何能够获得最大利益，接下来再安排最少人力达成此目的。

　　对此，Y女士说："我所做的一切，都必须是我认为最重要的。以重要顺序展开工作，就能够将工作做到最好。如何在同样的时间内做更多的事情，这是值得每一位希望有效管理时间的人认真思考的问题，因为只有这样才能使自己获得更多的时间，才能赢得时间能够给予的一切，才能赢得自己的未来……"

　　分清轻重缓急，设计优先顺序，这是管理时间的精髓。

　　俗话说："一寸光阴一寸金"，谁善于利用时间，谁的时间就会成为"超值时间"。不要被太多的琐事所缠绊，一定要留出足够的时间去处理紧急工作。凡是在事业上有所成就的女人，都是会管理时间的人。学会善于管理自己的时间，在某种程度上可以说，这也是为了更好地享受有限的人生。

自律的女人，
幸福迷人地位稳

重视细节才是演技的最大考验

> 把每一件简单的事做好就是不简单；把每一件平凡的事做好就是不平凡。
>
> ——张瑞敏

在做重大事情的时候，几乎每个人都会自律地要求自己做好，而在做一些小事时却不够自律，表现为心不在焉、掉以轻心、敷衍了事。"这只是一个小问题，用不着那么认真"，如果你总是抱着这样的想法，你很难会实现自我、成就自我，也不可能成为幸福迷人地位稳的女人。

这并非危言耸听，因为一件大事往往是由很多小事情组成的，很多的小事汇集在一起就是一件大事。在环环相扣中，一件看起来微不足道的小事，一处似乎可有可无、毫不起眼的细节，看似不足为奇，却往往决定着事情的进展状况，它可能成就你一生的辉煌，也可能毁掉你一世的英明。

"缺了一枚铁钉，掉了一只马掌；掉了一只马掌，折了一匹战马；折了一匹战马，伤了一位骑士；伤了一位骑士，输了一场战斗；输了一场战斗，亡了一个帝国。"这是一首著名的英国民谣，其中提到的故事在历史上曾真实地发生过。

那是在1485年，英国国王理查三世要面临一场重要的战争，这场战争关系到国家的生死存亡。在战斗开始之前，国王让马夫去备好自己最喜爱的战马。马夫立即找到铁匠，吩咐他快点给马掌钉上马蹄铁。铁匠先钉了三个马掌，在钉第四个时发现缺了一个钉子，马掌当然不牢固。马夫将这个情况报告给国王，眼看战斗即将开始，国王根本就来不及在意这第四个马蹄铁，匆匆赶回战场了。

战场上，国王骑着马领着他的士兵冲锋陷阵，左突右奔，英勇杀敌。突然间，一只马蹄铁脱落了，战马仰身跌翻在地，国王没有抓住缰绳，也被掀翻在地上。一见国王倒下，士兵们就自顾自地逃命去了，整支军队在一瞬间土崩瓦解、一败涂地。敌军趁机反击，并在战斗中俘虏了国王。国王此时才意识到那颗钉子的重要性，在被俘虏那一刻他痛苦地喊道："钉子，马蹄钉，我的国家就倾覆在这颗马蹄钉上！"这场战役就是波斯沃斯战役。在这场战役中，理查三世失掉了整个英国。

成功如履薄冰，一念松懈，因果循环。

老子说："天下大事必作于细，天下难事必作于易"，意思是做大事必须从小事开始，天下的难事，必定从容易的做起。如果我们每天都把平常的事做好就不平常了，把简单的事做好就不简单了，把一件件小事做好了，日后必成大事。因此，要想做优秀的女性，你就不应忽视细节！

事实上，由于女人生性腼腆敏感、思维缜密，比男人更容易把握好细节。

梅小姐是某一广告公司的职员，自从工作开始，她就要求自己认真对待工作，做好每一个细节。不管工作有多繁重，不管物品有多少，她都会在每天下班前抽出几分钟把办公桌收拾干净，而且将每种物品都放到专有位置，使整个办公桌看起来整洁有序。这使得领导和同事对梅小姐的评价特别高，因为他们相信，将办公室收拾得井井有条的女人，一定态度谨慎、做事有条理。

事实也的确如此，物品摆放好，就能随手拿到；文件收纳好，就能信手拈来；无论什么时候接到客户的电话，无论对方是询问业务合同，还是广告报价等，梅小姐都能第一时间从眼前的一个文件夹中抽出相关的资料，快速地有条不紊地进行介绍，这使得她的工作效率特别高，从众人之中脱颖而出。

对于自己的成功，梅小姐感慨地说道："做好自己的本职工作其实并不难，难就难在对于细节都做到一丝不苟。那些同事在工作上的业绩可能与我相差不多，那么怎么才能突出自己，让上司对我另眼相看？答案就是——细节。重视细节，做好每一件小事儿，就是你超越别人的最好方法。"

细节是一个人思维缜密的反映，很多时候，一个人的严谨和敬业精神是通过生活和工作中的一个个细节折射出来的。对于细节，不但要做，而且应该以高度负责的精神去做，要严格地要求自己，做好，做到位。如果在细节中发现问题，就要立即解决它，绝对不能视而不见，置之不理。

因为，细节透露你对自己有多努力，生活也将会回报这个努力的你。

不求轰轰烈烈，只愿从从容容

> 心境要养到淡静闲适，力拒外物之攻伐。时时如行云流水，脱然无累，最好。
>
> ——陶觉

身处光怪陆离的繁华都市，面对日趋激烈的残酷竞争，哪个女性不希望自己能挥洒自如，将人生活出一道亮丽的风景？然而，成功只属于少数幸运儿，绝大多数女性只能默默无闻，过着淡如清水的平凡人生。难道平凡的人生就不精彩吗？平凡的我们注定要窝窝囊囊地活着吗？

非也，在女人的生命历程中，并不是只有繁华、热闹、光彩夺目才珍贵，那些看似简单、看似平凡的日子同样珍贵。留意一下我们身边的女性，那些活得轻松惬意，幸福美满的人，往往都具有一个类似的特征，就是在奔向目标的过程中，只要努力地去做就问心无愧了，好则淡然，坏则坦然。

著名的大才子徐志摩也用类似的话来描述他对于爱情的态度，他这样说过："我在茫茫人海中，寻找自己灵魂之唯一伴侣，得之，我幸；不得，我命。如此而已。"得之，我幸；不得，我命，应该说这就是一种淡然的处世态度，这种态度就是一种不求轰轰烈烈，但愿从从容容的情怀。

在一座遥远而偏僻的山谷里，各种各样的鲜花盛开着，有牡丹、玫瑰，还有紫丁香、蝴蝶兰，等等。但是，没有人知道，在一个不起眼的角落里，还长着一株小小的百合。

由于百合太小太不起眼了,所以没有人关注它,也没有人欣赏它。不过,百合并不气馁,它不断地给自己打气:"我要开花,是为了完成一株花的庄严使命;我要开花,是由于喜欢以花来证明自己的存在。"

就这样,百合花绽放出了洁白无瑕的花朵,一朵一朵……在荒凉的山谷中,百合从不卑微,也从不骄傲,它总是默默地给群山穿上春天的衣裳。没有美艳的身姿,却深情地热爱着自己生长的大地。尽管没有顽强的生命力,但它懂得在有限的生命里展现自己无限的美。为了使大山变得美丽,为了使人间闻到花香,为了山河更加壮丽,这株百合辛勤、努力地开放着,成了一道亮丽的风景线。

一株在山谷中不起眼的百合,在感受平凡的同时尽情地绽放自己,让自己创造了生命的不凡。如此说来,我们何不像百合花一样,享受悄然开放的美丽?何不丢下那份功名,享受平凡的恬淡?辉煌者自有辉煌者的成就,平凡者自有平凡者的风韵。

可看看我们周围,很多女性的意识里都渴望轰轰烈烈地活,期望"一飞冲天",嫁个"钻石王老五",人前人后风光无限。如果不能做成那个样子,她们就觉得生活没有意义。殊不知,人生到底有没有意义,并不完全取决于是否能够成为"人上人",而是活得是否从容,是否踏实。

仟仟和美雪从小一起长大,两个人有着相同的爱好,但在人生志向上却截然不同。仟仟不甘于在贫穷的小镇上过完自己的一生,总想到外面去闯一闯。她对美雪说:"我一定要活出个样子给所有的人看,但在这里实在没有前途,要不然咱们一起到外面闯闯吧。"每次仟仟这样"邀请"自己"加盟"她的时候,美雪总是一副不为所动的样子,因为她觉得只要自己勤勤恳恳地工作,无论在哪里,她都能过得很好。外面的世界固然精彩,但是那不是自己想要的生活。

没多久,仟仟就出去闯荡了。跟美雪告别的时候,她说得豪迈:"亲爱的,听说外面好多人都是一夜暴富,我也要做那样的人。等着吧,我一定混出个人样再回来,到时候你可别后悔。"美雪没有说什么,只是微笑,然后她们拥抱道别。

之后,美雪通过自己的努力考上了公务员,现在是一名受人爱戴的村委会主任,她所在的小镇在她的改造下,已经焕然一新,完全不是以前的样子。而仟仟呢?最初,她给人家打工,攒够钱之后开始自己做生意,为了赚更多的钱,实现自己"一夜暴富"的梦,她做起了"投机倒把"的不法勾当。最后,一切全都毁于一旦。

故事中,仟仟自认为是一只"鸿鹄",既然是鸿鹄,那就不能像燕雀一样在低矮的天空飞行,而应该在广阔的天地,轰轰烈烈地活一生。但是她忽略了,轰轰烈烈的背后往往暗藏许多利欲熏心的陷阱,而仟仟正是那个"自投罗网"的"女战士"。可是,这又能怪谁呢?就像一些老人经常教育后辈的一样:还没学会走,就想着去跑,肯定要摔倒的。

是的,在我们对生活的理解还不够深刻的时候,往往以为幸福生活是轰轰烈烈的。而当我们真正认识到幸福的本质时才会发现,生活本身就是平淡。既然如此,何不自律一点,认真对待眼下的生活,在平淡中充实自我。

"我们曾如此渴望命运的波澜,到最后才发现:人生最曼妙的风景,竟是内心的淡定与从容",这句话出自杨绛的《一百岁感言》。这是百岁老人杨绛穿越了一个多世纪告诉我们的真理。杨绛幸福的婚姻没有轰轰烈烈的情节,而是点点滴滴的琐碎,其从容的心态或许正是她得以长寿的原因。

如今,提起杨绛,人们都认为这是钱钟书的夫人,却不知,当年钱钟书曾被称为"杨绛的丈夫"。杨绛与钱钟书因为酷爱文学、痴迷读书而走到了一起,然而当时他们门不当户不对,杨绛是大家闺秀,钱钟书出身旧式文人家庭,但杨绛却不在乎,她认为幸福就是跟心爱的人拥有一间不大的房子,一起在书房里惬意地读书，一起在厨房忙碌地做饭……

就这样，这对文坛伉俪的爱情，不仅有碧桃花下、新月如钩的浪漫，更融合了两人心有灵犀的默契与坚守。钱钟书曾在书中提到他与杨绛的爱情："我们在一起，很朴素，很单纯，总有无穷的乐趣，平淡的生活充满了温情……绝无仅有地结合了各不相容的三者：妻子、情人、朋友。"纵然两人已离世，但这份绵延日久的爱，依旧在岁月的轮回中静水流深，生生不息。

对于平淡的生活，一位心理学家有这样的感悟："我去过很多地方，接触过很多的人，我发现世上很多人的生活比我们想象的要平淡得多，但却能体现出他们自身的价值，更平静，更悠闲，更幸福。"这段话说得很实在，平淡的生活也许会把激情给消磨没了，但剩下的却是实实在在的日子。

我们不妨静下心来想一想，不管一个人飞得多高，最终总要回到自己的巢穴。到时候，可能会感叹，豪宅名车都是外在的东西，功名利禄不过是过眼云烟，还不如做一个凡夫俗子，平和淡定地去享受当下的生活。对于世间的一切像坐看云起时一般从容，谁又能说这不是美好人生呢？

融入银河，就安谧地和明月为伴照亮长空；没入草莽，就微笑着同清风染绿地。这样的生活再平凡也是真切而充实的，总能让我们震撼并感动着，而且这样的你肯定会是了不起的。

你的未来在哪里？在当下的每一步

> 不管是逐渐繁华还是即将枯萎，此时此刻才是我们结结实实的人生。
>
> ——汪涵

现实生活中有这样一些女性，她们总是有很高的梦想，盯着很远的目标，无法脚踏实地地去走好脚下的每一步，她们眼高手低，小事瞧不起，大部分时间都沉浸在自己宏伟的梦想中，结果一事无成。

马楚是某名牌大学新闻系的高才生，她思维敏捷，才华出众，又很自信，毕业后顺利被分配到了一家省级报社工作。马楚一直想当一名针砭时弊，实事求是的记者，可一开始领导只分配她做校对文稿。校对文稿是一项最基本的工作，需要整天待在办公室，又需要非常认真和有耐心，这让一心想干一番大事业的马楚感到非常不爽，她终日提不起精神，对工作不认真，敷衍了事，结果经她校对的文稿错误百出。

领导原本认可马楚的才学，之所以让她先做校对文稿，是有意锻炼她的耐心与毅力。现在，他见马楚连文稿都校对不好，很是失望，心想，连最简单的工作都做不好，还能做什么重要的工作呢？于是就将之辞退了。

但凡有点本事的人都渴望得到重视和重用，甚至一步登天、青云直上，但用当代的话说，那是小概率事件，少数人才能拥有的幸运。与其好高骛远那些远大的梦想、高远的目标，不如自律一些，着手去做好身边每一件事。踏踏实实走好脚下的每一步，才有机会走向成功。

"不积跬步，无以至千里；不积小流，无以成江海"的古训我们早已耳熟能详。无独有偶，《塔木德》上有句名言，也正揭示了"低层"的重要性："别想一下就造出大海，必须先由小河川开始。"事实上，几乎所有取得较大成就的女人，都不是一开始便居于高位，也不是她们有一步登天的本领，而是她们能不断地完善自我，天天有进步，月月有提升，年年有改变。

拿下自考大专文凭后，吴士宏幸运地进入IBM当了一名行政专员。随后几年内，她历任大客户销售代表、销售经理，1998年2月更是受聘微软中国公司任总经理。为什么她有这样的成就呢？刚进入公司时，吴士宏做事负责又认真，而且还主动承担起了公司的杂事，从业务、行政、人事、会计到总务，她都参与过。虽然有些累，但是她却说："打杂其实可以学到不少，扎实地为我的工作能力打下了基础。"

由于这一段时间的打杂工作，吴士宏对公司上下的各种流程都很熟悉，就这样她被调到了市场部工作。在开始做销售工作时，她觉得相关的职业培训只是个模子，于是每次都会把客户的具体要求套进去再做出方案。这样的做法虽然有些细琐，有些累人，但方案很多时候都能取得客户的认同，她拿下的第一个客户为跨国企业中远集团，对方对她赞美有加，当然她也赢得了之后的众多客户。

出众的工作能力，丰富的工作经验，加上客户们的一致好评，IBM高层自然就注意到了吴士宏，将她提拔为销售经理。公司里大小会议、组织里的人事安排，以及企业新产品的开发技术，吴士宏都一清二楚。你能说她只是个经理吗？显然不能！吴士宏一次次为IBM做出了辉煌的业绩，她的身价越来越高，最终成功出任IBM中国销售渠道的总经理，人称"打工皇后"。

没有一个士兵生来便是将军，没有一座高楼无地基而屹立百年。就像没有人能预测丑小鸭会变成白天鹅一样，同样没有人能想到当年打扫办公室的清洁工吴士宏会成为一名功成名就的总经理。想来若无吴士宏踏踏实实工作的每一天，何来足够的资本和资历，成为人上人呢？

踏实走好人生的每一步，一步一个脚印，听起来好像没有冲天的气魄、没有诱人的硕果、没有轰动的声势，可细细琢磨一下，每天一步一个脚印，不需要付出太大的代价，只要努力就可以达到目标。心里踏实，步履稳健，迎接明天的早晨就不会心虚，在不动声色中就能创造一个震撼人心的奇迹。

你的未来在哪里？在当下的每一步。

安安静静等待幸福的绽放

> 善于等待的人,一切都会及时来到。
>
> ——巴尔扎克

戈壁上生长着这样一种植物,每逢雨天,它就会立即抽芽,快速地生根、长叶、开花、结果。这一整个生命周期,只有短短的 8 天。此后,新一代的种子又会安安静静地开始等待,等待雨水的再一次来临,等待生命的绽放。对它们来说,等待反倒是生命的常态,是最主要的存在方式。

有人说:"没有学会等待的生命,就不具备生存的资格。"

的确,等待不是浪费时间,它也是一个动态的过程,是人生的一个序列数,一个无序的轮回。生命的总和,就是由许许多多大大小小的等待构成。人生是需要等待的,有了等待生命才会充满神秘和诱惑,人生才会充实而有意义;有了等待,我们才会在果实成熟期分享收获的喜悦。

想成为一个幸福的女人,就要多一点时间和耐性,自律一些,静心等待。"揠苗助长"的故事我们再熟悉不过了,庄稼有它的生长规律,成长成熟都需要一定的时间,想要人为地去拔高它,省略掉成长的过程,它就只能永远停留在那个阶段,属于它的只有枯萎和凋亡。植物如此,人事亦然。

曾经看过一则与等待相关的寓言故事,感触颇多:

一位年轻女孩与男友约会,提前精心装扮了一番,早早地到了约会地点。

起初，她还满心欢喜，幻想着男友看到自己的惊讶表情，可等了20分钟却还不见对方的身影。这时候，她有点烦躁了，甚至有点气急败坏，心里一股子怒火，抱怨男友为什么不能早点出来，害她一个人等那么久。就在她抱怨连连的时候，突然有位老者和她说了一句话："我知道你为什么不开心。戴上这块表，当你遇到不能等待的事情时，就把时针转一下，你就能跳过当时的时间，想要多久都可以。"

女孩很惊讶，没想到世间还有如此神奇的东西。她欣然接受了老者的礼物。老者走后，她试探着把时针转了一圈，果然，她的男友即刻出现在她眼前。这让她激动不已，心想：要是我们能够结婚多好呀！于是，她又转动了时针。很快，婚礼的场景又出现在她面前。接下来，她又急不可耐地把时针转了一圈又一圈，让自己心中所想的事物一一浮现在眼前……就在她感叹这只手表的神奇之余，她忘记了生命已经在她身边飞快地掠过了。最后，她发现自己已经头发花白，疾病缠身，躺在病床上，再次拨动时针的话，唯一的结果就是死亡的降临。

女孩后悔了，她哭着说："我真希望能够重新来过，一步一步地走完这一生，再不要匆匆而过。我会耐心地等待。"

这时，表的开关猛地向左转动。她的急躁消失了，一切又回到了最初。她站在约会的地点，心平气和地看着蓝天白云，听着鸟儿的鸣叫，在等待男友的同时，欣赏着周围一切美好的东西。她感慨：原来，人生不可以跳跃着前行，唯有耐心等待才能让生命的旅途充满乐趣。

等待的过程有点漫长，等待的结果又是未知，或许还有点艰辛，我们难免会有些许的焦躁，些许的不安，但人生就是一个接一个漫长等待的过程，只要生命还在继续，我们就要在等待中活着。面对这一切，自律的女人看重的不仅仅是等待的结局，还懂得享受等待过程中的喜悦感动。

自律的女人，幸福迷人地位稳

有一次，M小姐从偏远的农村搭车到城市，车到途中忽然坏了，需要有人前来送一个零件才能修好。那时正值夏季，午后的天气闷热，得知零件要两个小时才能送到，M小姐瞬间整个人就没精打采了，但她明白一直烦躁下去的话，根本没有意义。于是，她抛开了需要等待两个小时的不悦，前往不远处的一条小河去散步。

河边清静凉爽，风景宜人，M小姐感到浑身的暑气全消、心清气爽，之后她躺在一片树荫下，迎着和煦的风，看着蔚蓝的天，听着婉转的鸟鸣，觉得此刻美妙极了，最后她又美美地睡了一觉。等车子修好时，已经将近黄昏。M小姐继续搭上车，趁着黄昏凉爽的风，向城中驶进。尽管耽误了半天的时间，但是M小姐逢人便说："这是我平生最美妙、最愉快的一次旅行！"

人生总是充满了无数的等待，有的人在等待中枯萎，有的人在等待中绽放。在汽车抛锚又不能及早修好的情形下，M小姐可以顶着烈日气恼地等待下去，坏了一整天的美好时光；也可以利用等待时间安心地在河边享受一番，将这个体验变成旅途最愉快的瞬间。哪一种处理方式更好，相信每个人都心中有数。

将等待的过程看成是一种体验，在等待的时间空间范围内去做，去看，去体会一系列可以享受到的东西，那么等待就不是痛苦的煎熬，而是一种别样的享受……女人要学会在等待中丰富自己的心灵，磨炼自己的耐性，让每一次等待都有永存的价值。

为了不让幸福来得太快，为了不让幸福走得太急，我们一起静心等待。

专注做点事，至少对得起光阴

> 加紧学习，抓住中心，宁精勿杂，宁专勿多。
>
> ——周恩来

前段时间，一部没有做过任何宣传的纪录片《我在故宫修文物》爆红网络，一度超过了被年轻人所追捧的偶像古装剧和韩剧。究竟是什么原因让听起来有点高冷的纪录片受到了这么多人的欢迎呢？是一眼望去威严大气的皇家宫殿，还是穿越了千年的稀世珍宝？都不是，而是匠心精神。

何谓"匠心精神"？说白了就是一种专注，心无旁骛地做事。专注是一种态度、一种能力，也是一种境界，它意味着忽略外界的纷扰，把精力和智慧都用到要做的事情上，形成专心做事的平和心态；它意味着淡泊名利，不与他人争，只与自己比，一丝不苟地把工作做好，找到价值感和存在感。

"嗨，下午好！"经理经过 Sully 身旁的时候，热情地打了一个招呼。不过，Sully 没有反应，她紧锁着眉头，眼睛盯着电脑上打开着的策划方案。同事小榕赶紧用胳膊肘捅了捅 Sully，"经理和你说话呢？" Sully 依然一言不发，一会儿才低声地说："这里不太好……"接着，她噼里啪啦地敲了几行字，修改了一下策划，然后继续专注地研究着策划方案，修改，再修改。就这样，1 个小时过去了，其间 Sully 把所有的精力都放在工作上了，她太专注了，都没有意识到经理站在自己旁边，更没有对经理说过一句话。

自律的女人，
幸福迷人地位稳

　　一番忙碌之后，Sully 终于露出了满意的笑容，长舒了一口气。当她想站起来活动一下时，突然看到了经理，她抱歉地说道："哦，天哪！我居然没有看到您。真对不起经理，可是你知道……"回忆起这件事情的时候，经理说："我紧紧地握着 Sully 的手，为她的'失礼'而感激。我亲眼看到了一个人集中全力，全然忘我地工作，再没有什么比这更令人感动的了……"

　　Sully 把所有的精力都放在工作上了，她太专注了，忘记了一切，包括经理的问候。被人忽略是一件非常令人尴尬甚至气愤的事情，但为何经理为 Sully 的这种"失礼"而感激呢？是专注力打动了他！漂亮的女人很可爱，专注的女人更可爱！每个女人都应当存一颗匠人的心，去做事，去生活。

　　古训说得好："欲多则心散，心散则志衰，志衰则思不达。"我们的时间有限，精力有限，如果经常被其他诱惑所动摇，见异思迁或是四面出击，自身便很难维持在最佳状态，也很难提升自身能力，那么结果很有可能让你失望——很容易变得两手空空，不要说成功，恐怕所有事情都做不好。

　　也有很多人经常不解，为什么很多成功女性都资质平平，看上去并不那么聪明，也不是那么能干。原因很简单：那些看似愚钝的女人有一种很强的自律能力，一种在任何情况下都心无旁骛的决心。她们足够专注，能不受内心任何欲望和外界诱惑的干扰，对既定的方向和目标坚定不移。

　　Lucie Rie，一个纯粹的陶艺家。她一生只专注于一件事——陶艺。自 20 岁在维也纳工艺学校学习陶艺起，她终生从事陶艺创作。她是一个个子不高的女人，却被身边人亲切地称为"小大个"，因为大家都认为尽管她个子小小，但精神世界却高大到无法想象。她终日埋头于陶艺创作，并且专心致志，工作期间谁都不会打扰到她，影响到她，因为她的身心全放在了陶艺制作上。

　　Lucie Rie 的这种专注，甚至浸润到了生活中：跟友人聚会，一次只约见一人。如她所说，"我觉得自己不够聪明，一次只能专注跟一个人谈话"。这种专注使得她的作品，她的为人，看似静水深流，但每每都有异常澎湃的感染力。从端庄美丽的女孩再到满头白发的老太，看着这些布满岁月流逝痕迹的老照片，看着Lucie Rie 始终专注和清澈的眼神，真的非常令人动容。

有的人做了一辈子事，却没有一件能让人记住；有的人一辈子只做了一件事，就让人记住了。看到了吧，成功不是什么难事，最重要的是收住心，心无旁骛地去做。知道"水滴石穿"的故事吗？水本来是世间至柔之物，但是当水专注的时候，再坚硬的石头也会被水砸穿。

我们也许不是匠人，但也需要一片"匠心"，这是一条通往事业成功的路，也是一条通往内心的路。这条路，我们每个人都应该努力走好。幸福不过专注做事，无所谓结果是否成功，起码对得起光阴岁月。

Chapter 7

谁也不是谁的谁，做自己的英雄，

且美且独立

你笑我拼命挣钱狼狈不堪，我笑你离开男人吃饭都难。女人一定要自律自强，努力活出自身的社会价值，就算现世让人失望，也能靠自己护得一时安稳，生活在幸福深处。靠人不如靠己，你有多自律，就有多自由，凭借自身的能量，成为自己的英雄。正如一句话所说："嫁什么豪门，我自己就是豪门！"

把命运交给自己，而不是别人

> 当命运递给我一个酸的柠檬时，让我们设法把它制造成甜的柠檬汁。
>
> ——雨果

曾经有人说过这样一句话："没有独立的人格，就没有真正的幸福。"没错，随着时代的发展，古代女人那种"母以子为贵，妻以夫为贵"的观念已经随着历史的车轮远去了。在现代社会，只有拥有独立性格的女人才能心安理得地享受自由生活的阳光和雨露，才能将命运交给自己，而不是别人。

有些女人认为自己天生就是弱者的角色，要扮演好它，就要显得小鸟依人，在经济上依附于男人，在遇到困难时，赶快找一个肩膀依靠，寻求最强有力的支持。这样的女人也许会受到某些男人的喜欢，但她们也交出了获取幸福的主动权。特别是当孤身一人陷入困境的时候，很容易走入绝望的边缘。

相应的，没有独立思想的女人是悲哀的，她们就像被关在笼子里的小鸟，即便有一天笼子的门打开了，她们也不会飞出多远的距离，甚至有的只会站在笼子口向外张望，根本不会走到笼子外面去寻求新的世界。外面广阔的天地充满了未知，会让她们觉得不安全，所以她们永远都无法摆脱束缚命运的牢笼。

阮玲玉是中国电影界红极一时的影星，她在幼年时就没有了父亲，和靠做用人的母亲相依为命。16岁那年，阮玲玉和主人家的少爷张达民相爱了，张家人极力反对此事，设计赶走了这对母女。张达民却瞒着家里，将走投无路的阮玲玉母女安排在北四川路鸿庆坊暂时落脚。随后，单纯又渴望安定的阮玲玉与张达民同居，并自动退学。阮玲玉天资聪颖，又非常喜欢演戏，很快她在电影事业上发展起来，成了红极一时的当红影星。而张达民不务正业，每天沉迷于赌场之中，把家产败光后，将阮玲玉当成了自己的摇钱树。阮玲玉几番劝说，张达民却不思悔改，最终阮玲玉忍无可忍，和张达民分手。

这时，茶叶大王唐季珊趁机走入了阮玲玉的生活。唐季珊是个情场高手，很早就垂涎阮玲玉的美色和名气，只是碍于张达民，一直找不到接近阮玲玉的机会。现在，他以一种体贴多情、阔绰开明的姿态向阮玲玉发起了猛烈的攻势，很快，阮玲玉就成了唐季珊豪门公寓中的一只金丝雀，而且对唐季珊言听计从。但随着《新女性》电影公映之后，阮玲玉受到了社会舆论的攻击。张达民趁机用旧情事对她进行敲诈，还弄了一帮小报记者无事生非，诬告阮玲玉伤风败俗，与唐季珊通奸后卷逃，导致阮玲玉名誉受损。与此同时，处于水深火热之中的阮玲玉不仅受到了唐季珊的冷漠和责备，还被他背叛，唐季珊在外面有了另外一个女人。

由于张达民的无赖和唐季珊的不忠，阮玲玉再次失去了感情的寄托。于是，她找到《新女性》的导演蔡楚风，希望能够得到帮助，一起离开上海这个是非之地。但是，蔡楚风并不愿意承担这样的风险，拒绝了阮玲玉的请求。这时，阮玲玉伤心透顶，并对身边的男人感到失望，于是在绝望中做了一件令世人吃惊的事情，她把几十颗安眠药放入八宝粥里，结束了自己年仅25岁的生命。

一代影后就这样离开了令她感到失望的世界。其实，以阮玲玉当时的名声和地位，在经济上是完全可以独立的。但是，令人叹息的是，她在精神上始终接受着男性世界的奴役，将自己的命运完全寄托在男人的身上。这种在精神上不能独立的女人，她的一切成功都将成为空中楼阁。

所以，女人一定要独立，把命运交给自己，而不是别人。那些自律意识强的女人都不会甘愿做一个等待幸福的人，她们也早已明白，生活从不因为你是女孩就对你怜悯，人生起起落落无法预料，光想着依靠别人并不可靠，需求帮助显然毫无作用，因此她们自觉自律地努力，护得一世安稳。

是谁让女人不幸福？是女人自己；谁能让女人活得快乐？也是女人自己。一个不依靠别人的女人，才能主宰自己的命运。自律点，把命运交给自己，一旦做了自己的主人你才会懂得，幸福不是遥不可及的梦幻，幸福是你一手打造的真实；幸福不是别人的同情和恩惠，幸福是靠自己争取的。

加油吧！

自律的女人，
幸福迷人地位稳

把自己照顾得好好的，就会一直吸引好的人

> 已经完成的小事，胜于计划中的大事。
> ——雷特

女人的幸福与不幸，通常被认为是命运。如果一个女人幸福，大家就都说她运气好，遇见了一个爱她的好男人。而如果一个女人不幸福，大家就会说她命运不好，遇到了一个坏男人。女人和什么样的男人结婚，全靠命运吗？当然不是，很多时候能不能遇到好男人，全在于你是一个怎样的女人。

思彤，就职于一个外企的公关部。爱玩爱热闹，平时经常熬夜玩手机游戏，临近周末就四处邀朋友们唱歌、聚餐，而且经常通宵达旦。思彤睡前总会想，"我半夜才睡觉，明天一定要把丢失的觉补回来"，于是周日躺在床上睡觉成为思彤的"嗜好"，还常常会睡上整整一天。就这样，思彤不仅出现了黑眼圈，皮肤也越来越粗糙，而且经常饥一顿饱一顿，有上顿没下顿的，导致了严重的胃病，整天病恹恹的。

单位有同事给思彤介绍了一个对象，但那个男人只和思彤相处了1个月左右的时间，就打了退堂鼓，"她的生活太没有规律了，而且饿了就知道撒娇，不知道买东西回家自己煮；迷路了只会和我卖萌，却不知道掏手机自己看地图……一个连自己都照顾不好的女人，怎么去相信她以后能照顾好一个家。"

世界很大，没人会时时刻刻守着自己，女人要照顾好自己。照顾好自己，

说简单也简单，说难也难。简单在于它存在于平日里的小细节中，例如到了饭点，按时用餐，该睡觉的时候就睡觉。难就难在并不是每一个女人都能做到这一点。

随着社会地位的提升以及工作上的需要，现代女性肩负着与男性一样的工作压力和负担，有时需要应酬，有时需要值班，我们每个人或多或少都不会把自己照顾得那么周到细致。因为工作忙或是睡懒觉，我们总会耽误饭点，每天定时定量，有难度；因为压力太大或者灵感枯竭，我们总会需要咖啡来帮忙；加班或者下班后的放松，偶尔总会占用我们的睡眠时间，实在做不到按时睡觉……

但细想一下，做到这些真有那么难吗？并不是，只是放纵比节制容易得多而已。例如，工作很辛苦，有时候想放纵一下，这没有什么大不了的。可是，有了第一次，就会有第二次。

能不能节制和自律，决定了我们能否照顾好自己。

有些女人并不是天生就幸运，而是她们重视能够使自己走上正轨和取得成功的日常生活，更确切地说，是一种强大的自律成就了她们。

内尔·斯科韦尔是美国华盛顿的一名影视编剧、杂志撰稿人，让我们来看看她的一天吧。

06:00，闹钟响起，不赖床，洗漱。

06:10，喝一杯柠檬水，做两套俯卧撑或者瑜伽，并至少花5分钟的时间冥想、深呼吸，之后快速冲澡。

06:30，查阅邮箱、社交媒体、天气预报网站。有时候翻翻报纸，比如《纽约时报》或者《华尔街日报》。

07:00，叫孩子们起床上学，并为他们准备早餐——牛奶搭配全麦吐司、比萨、薄煎饼，或者油炸玉米饼。早餐期间，和孩子们一起讨论家庭作业中遇到的问题、讨论测试题并审视这一天的日程安排。

07:30，所有人出门，送孩子们去学校。

08:00，驾车去办公室，开始一天的工作。

……

21:30，花上几分钟写下一个美梦的片段、一小段文章或者流水账。

22:00，准时睡觉。

看到这样规律的生活习惯，你是否会觉得，如此不能随性随意，生活还有乐趣吗？但内尔·斯科韦尔却说："以我持续一年的经验而言，如此健康的作息，让我的工作和生活都有条不紊，更有效率，也让我对自己充满信心。当然，建立习惯之初是比较痛苦的，但坚持坚持也就过去了，没你想的那么恐怖。"

幸福，来自持久的自我管理。规律自己的生活，按时作息，平衡饮食，并且常年坚持，雷打不动。这是保障人体健康的要求，是提高生命质量的必须。当你提升了自我的自控力，将自己的生活打理得井井有条，还愁没有好男人被吸引、被感染吗？

> 谁也不是谁的谁，做自己的英雄，
> 且美且独立

像树一样站立，别让你的爱跪着

> 独立不是女人向男人宣战，仅仅是自我尊重。
>
> ——苏岑

受传统"男主外，女主内"思想观念的影响，婚后很多女人心甘情愿地放弃事业，在家里赡养公婆、相夫教子，把操持家务作为"专门"职业，整天与"柴米油盐"打交道，成了一个"咸"内助。可是，你有没有想过：因为家庭而放弃了自己的事业，你就真的可以保障一生的幸福吗？

未必，当一个女人把爱情当成生活的全部，把一个男人当作整个世界的时候，男人会觉得你一文不值。她没有个性、她没有主见、她没有原则、她没有魅力……当你与丈夫的距离越拉越大时，又怎么能将他留在身边？

周龄不仅人长得漂亮，而且多才多艺，无论是歌唱、舞蹈还是美术，她都有超凡的天赋，因此吸引了很多异性的倾慕。不过，周龄对白马王子的要求很高，直到而立之年，才交到了一位在某超市担任部门经理的男友。结婚后周龄把人生的希望全放在老公身上，辞掉了工作，在家里做起了全职太太。

由于没有工作，周龄生活中能做的事除了家务，就是出去逛街玩乐。逛街玩乐固然开心，但需要钱，每次花得多了，就得听老公喋喋不休的抱怨。而且，每当老公说起工作的事情，周龄由于不了解职场，不知道如何评判，所以总是对老公说"你做什么都对""反正我是支持你的"，随后就和老公说起各种家长里短的事情，比如谁家的孩子明年要结婚了，市场上的菜价又贵了，等等。后来，老公回家的次数越来越少了，直到有一天说自己在外面有了外遇，要和周龄离婚。

当周龄问及原因时，老公说："你一直要靠我养活，而且什么都不懂，我们之间没有共同语言。"就这样，周龄被老公一脚踢了出去。周龄就像是一根不会独立生长的藤条，完全依靠着自己的老公。由于一毕业就直接退出社会，没有工作经验的周龄根本没有养活自己的能力。离婚后，她的艰辛可想而知。

这个故事中，周龄一开始的想法就是错误的。因为她竟然把自己的美好青春这么早就送给了一个男人。就算是她与那个男人真心相爱，她也不应该从此就完全依赖男人，不出去工作，不再去学习，牺牲自己的独立和自由，这样的婚姻毫无意义而言。因此，还不能怪谁，只能怪她自己选错了路。

如果把爱情当作寻找一个可以依靠的"大树"，那么你得到的很可能是一张短途车票，什么时候被赶下幸福的火车，主动权完全在别人手里，这实在是太冒险了。

女人离不开男人，正如男人需要女人一样，但婚姻幸福的好女人不做攀附男人的藤蔓，而是永远保持自己的独立性，有自己的思想，有自己的事业，有自己的骄傲，与男人站在同一个水平线上，彼此尊重，彼此独立和自由。女人也只有学会自立自爱，才能获得别人的喜爱和尊重。

这也就不难理解，为何有些女人能在社会上出头露面，成就一番辉煌。正是由于她们尽管有着大树可以依靠，但是她们从来都不甘于做一条柔软的藤，而是选择在大树旁边做一株独立自信的木棉树，把自己当作自己的靠山。即便失去了大树，也依旧可以在广袤的天空下活出自己的风采。

世界著名电视主持人、化妆品王国皇后靳羽西出生在风景秀丽的桂林，16岁的时候她到了美国，在夏威夷大学进行深造，并在美国大学生选美比赛中获得了"中国水仙花"的桂冠。毕业后，靳羽西在纽约从事着进出口贸易，同时还在曼哈顿的电视台主持着一档中英文节目。在一次酒会上，靳羽西认识了一个名叫马明思的爱尔兰男人，马明思不忍心看到靳羽西终日劳碌，于是对羽西说："羽西，你每天都这样忙，我能帮助你吗？"就是这句话，感动了靳羽西，于是他们很快相爱了。

这个爱尔兰男人是美国赫赫有名的商业巨子。所以大家都以为从此之后，靳羽西会改变之前忙碌的生活，没想到，就在结婚的时候，靳羽西给丈夫马明思提出了一个婚前协议：结婚后不做温室里的花朵，不当坐享其成、无所事事的阔太太，不放弃对事业的追求。面对独立的妻子，马明思表示可以理解，并且同意了她的要求。为了支持妻子的事业，结婚后马明思给娇妻的第一份礼物，就是同意并资助靳羽西在中国创办羽西化妆品公司，并把第一个专柜设在了上海。于是，靳羽西在上海和纽约两地飞来飞去，开拓着自己的事业。

后来，马明思移情别恋了。面对无可挽回的局面，30多岁的靳羽西没有像其他中年妇女一样哭天喊地，狼狈不堪，而是继续投入到自己的事业中，这种自立、自信、自爱和自强，让靳羽西日渐成为一个名副其实的多面手——学者、作家、记者、电视人、企业家，被评为"世界最杰出的女企业家"，获得过美国电视界最高荣誉奖——艾米奖，《金融》杂志形容她为当代的马可·波罗。靳羽西曾经这样说过："我嫁给过一个富有的男人，但我最大的幸福是，我可以自由地从自己的口袋里掏钱买书，买我喜欢的衣服，和我喜欢的一切，我认为这是女人最大的尊严和快乐。"

毫无疑问，靳羽西就是那种把重点放在自己身上的女人。她拥有一颗坚定而勇敢的内心，在生活中有一份属于自己的事业，依靠自己，并在离开男人之后还能够自强地生活，在属于自己的舞台上闪着耀眼的光芒。无疑，这样的女人是充满魅力的，更容易获得幸福的青睐。

在《致橡树》中，舒婷深情地咏叹："我如果爱你，绝不像攀援的凌霄花，借你的高枝炫耀自己……我必须是你近旁的一株木棉，作为树的形象和你站在一起。根，紧握在地下；叶，相触在云里……我们分担寒潮、风雷、霹雳；我们共享雾霭、流岚、虹霓。仿佛永远分离，却又终身相依，这才是伟大的爱情。"

无论如何你要记住：女人照顾家庭没有错，但家庭不是生活的全部，你可以依赖他、照顾他，这并不意味着你需要放弃自己的事业，放弃经济上的独立。女人始终要靠自己的能力，要学会把自己的根扎深，然后站稳，这样才能成为一株独立自信的木棉树，才能赢得尊重、爱和成功。

没有钱，拿什么谈梦想？

> 经济基础决定上层建筑。
> ——马克思

有一段时间，网络上有句话特别流行："生活不止眼前的苟且，还有诗和远方。"这话一出，点燃了不少年轻女人的热血，大家开始纷纷谈理想、谈情怀，却忘了谈钱。世界那么大，你想去看看，可没有钱，别说车费，你连干粮都买不起，怎么去看世界？如果连眼前的苟且都顾不上，又如何去追求诗和远方呢？

这个世界没有钱是万万不能的，但有一个十分有趣的现象是，明明金钱这么讨人喜欢，可有些女人却觉得谈钱是一件很俗的事情，总是把对金钱的喜爱和向往藏起来，对金钱表现得不屑一顾，似乎只有这样才显得自己"高尚"，毕竟谁都不想成为别人眼中那种"贪财的女人"吧。

其实好好想想，喜欢钱有什么错呢？古代的圣人们也说了："君子爱财，取之有道。"爱财不是件丢人的事儿，重要的是，这财你是怎么得来的。只要你不偷、不抢、不骗，也没有出卖自己的肉体或灵魂，那么你追求财富，你爱自己辛辛苦苦赚来的血汗钱，这又有什么不对呢？钱确实可爱啊！

你想衣食无忧，你想过高品质的生活，你想为父母尽孝，让他们不再操劳，你想为孩子提供最好的条件，让他们看到更广阔的世界……这些都是要建立在一定的经济基础上的，没有钱，空有一颗孝顺的心，空有一份深沉的爱，这些事情你都无法做到。那些在钱面前"清高"的女人，通常对"钱"的认知和理解都是存在偏差的。或者说，根本就是没有感受过"民间疾苦"，不知道钱到底有多重要。

方晴的梦想是成为一名自由作家，她总说，只要拥有一张纸和一支笔，她就能拥有整个世界。大学毕业后，方晴就开始了她的投稿之路，为了专心创作，她一直没有固定工作，但她觉得挣多少钱无所谓，只要从事自己喜欢的事情就可以了。但稿子不是说写了就有人认可，就能拿到稿费，后来为了维持生计，方晴便在一家公司做兼职编辑，一边干着兼职一边继续自己的作家梦。在创作之前，她必须得确保自己有钱交房租，有钱交水电费，有钱吃饭，有钱看病……

人的精力是有限的，当方晴为了生活苦苦挣扎打拼时，哪里还有精力再去搞创作啊！到现在，方晴已经毕业5年了，和她同一年毕业的同学、朋友，不少都已经结婚生子，并在自己的工作岗位上做出了不错的成绩，升职的升职，加薪的加薪。而方晴呢？由于做的是兼职，基本上没有什么升职加薪的空间。至于她的作家之路，因为在兼职上花费了太多时间和精力，已经不了了之了。

每个女人都应该明白，金钱是实现一切梦想的基础和前提。不管你有多么远大的理想，不管你有多么崇高的追求，如果不能先让基础生活得到充分的保障，那么这些理想和追求永远只能存在于你的想象之中，是不可能成为现实的。试想一下，如果方晴转换一下思维，在追寻梦想之前，先打好经济基础，还会活得这么辛苦吗？

琳娜是学设计的，人很聪明又非常勤奋，之前在一家外企工作，几年打拼下来在业内也算是小有名气，并成功跨入了年薪百万的门槛。一直以来，琳娜的梦想是拥有一家自己的公司。前阵子，在几个朋友的邀约下，琳娜果断辞掉了这份人人羡慕的工作，开始创业，做起了外卖O2O。当有人问起现在赚了多少钱的时候，琳娜总是笑着说，现在还是起步阶段，别看忙得上气不接下气，钱的影子却还没见着。

听到这样的话，人们更感慨地问，当初怎么就这么果敢，说辞职就辞职，难道不怕创业失败，最后一无所有吗？琳娜却无所谓地笑笑，说了一句："失败就失败呗，大不了我再回去做原来的工作，我的能力、经验放在那里，那些都是我的资本，我赚钱的能力。老实说，等着请我的人可不少！"

年薪百万的琳娜为什么敢于辞掉工作去创业？与其说她比别人更有追求梦想的勇气，倒不如说她比别人更有追求梦想的底气！正如琳娜所说的，她的能力、经验放在那里，那些都是她的资本，她赚钱的能力。因为她知道，自己的生活是有保障的，她随时都能赚到钱，又怎么会没有底气和勇气去冒险呢？

钱不是阻碍你实现梦想的敌人，而是帮助你靠近梦想的阶梯；钱不是阻碍你找到爱情的凶手，而是帮助你保卫爱情的围墙。钱可以帮你解决生活中最基本的需求；钱可以让你有资格去谈梦想，谈追求。金钱最迷人的地方不在于它本身具有怎样的价值，而是在于它能让人变得更勇敢，更坚强。

所以，女人啊，别以为谈钱比谈梦想俗气，这是一件十分现实的事情。对钱有一个清醒的认识，只要君子爱财取之有道，每一分都是值得我们去爱、去骄傲的！

人生就是一场自我的救赎

> 静心是一种美，是一种幸福，也是一种纯净和清明。
>
> ——佚名

在哈佛公开课中，塔尔博士的"幸福课"被誉为对学生影响最为深远的课程之一。第二堂"幸福课"上，塔尔博士给他的学生们讲述了一个"没人会来"的故事。

心理学家 Nathaniel Branden 曾经召开了一个为期三天的研讨会。研讨会开得很顺利，到了第三天，快要结束的时候，参会者都表示自己学到了很多，向老师致谢。Nathaniel Branden 却向大家抛出了自己的重要观点："没人会来。"他解释道，在生命之路上，没有人跟我们一起，家人、爱人、朋友，没有人会来，我们只能是独行，我们必须为自己负责。

这时一位参会者举手表示疑问："博士，可是事实并不是这样的。"

Nathaniel Branden 博士问他："为什么这样说？"

他答："博士，您来了。"

Nathaniel Branden 告诉他："是的，我来了，我来是为了要告诉你们'没人会来'。"一席话引得满堂哄笑。

虽然这个故事中的 Nathaniel Branden 博士是以一种幽默的方式告诉大家"没人会来"这个道理，但是我们仍旧可以确定，我们的生命里的确"没人会来"，没有穿着闪亮铠甲的骑士，把我们带到幸福的国度；也没有温柔善良的田螺姑娘，在我们回家时做好热气腾腾的饭菜。

是的，不管这听上去多么残酷，它仍是我们必须面对的事实——没有人会让我们的生活变得更加美好。人生只能独行，孤独将会是每一个生命的常态，我们所能依靠的也只有自己而已，自己奋斗自己打拼，去获取他人的尊重，去获取幸福。

多数女人害怕孤独，总觉得孤独意味着没有朋友，生活单调乏味。殊不知，一个无法跟自己独处的女人，一般不会有什么大智慧，因为独处是自己与自己相处。如果一个女人都不会与自己相处，那么可想而知，她的自我意识也不健全，依赖性往往会很强，因而人格思想也就无法真正成熟。

孤独是什么？尼采说过，孤独是美的，因为它可以纯净生活。置身于孤独，你可以感受前所未有的清静与悠然。不管身外是潮起潮落，还是斗转星移；不管世间是秋叶飘零，还是百花竞开，只知沉沉的深思，开启了那关闭已久的心扉。孤独是一种极高的人生姿态，因为你懂得如何照顾自己的内心需求。

的确，在孤独中，人会自然而然地安静，更容易平和冷静，从而有机会进行深刻的思考，思考自身，也思考自身与外界的关系。

身处孤独之中时，人最容易看清自己。因为这时候的自己是真实的，没有浮夸、没有修饰。这时候若是你愿意跟自己对话，定能充分地认识自己，无论是优点还是缺点，都能看得清清楚楚。认清自己是成长中的重要一步，人只有认清自己，才能对自己有一个正确的评估，对未来有一个合理的憧憬。

说到底，人生就是自我对孤独的一场救赎。

小美6年前到一家外企工作，起初只是一名前台，可如今的她已经坐上了行政主管的位子。6年来，她早出晚归，卖力地工作，所有休息的时间也都用在了工作和学习上。尽管在上司眼里她是优秀的员工，在同事的眼里她是个出

自律的女人，
幸福迷人地位稳

色的主管，可在她自己的心里，却越来越不了解自己。这半年，她总是情绪烦躁，和同事的关系也不如从前那样自在，很多事明明可以做好，现在却有些不知所措。浮躁和厌倦包围着她，精力总是不能集中，坐在办公室里有种想逃离的冲动，想远离人群，到新的环境和生活状态中去。这种痛苦的情绪，折磨得她日夜难安。她告诉自己：我需要冷静地想想自己是怎么了。

终于，又到了休年假的日子。这一次，小美带上行囊，独自一人去了郊区。租住在一间农家院里，每天一个人吃饭、散步，在山水间领略自然的美好，没有工作的烦恼，没有生活的压力，彻底地放空身心。7天过后，小美带着饱满的精神回到了公司，感觉一切又和当初一样了，她终于拯救了自己。

小美的心理迷失现象，很多职业女性都有过，或是正在经历着。当生活或工作被安排得太满，没有给心灵留出足够的时间与空间，就会产生迷茫感，整个人像掉进了泥潭一般。这个时候，即便是换工作，换环境，情况也未必有好转。此时，最需要的是一个孤独的环境，不受任何事情的干扰，静静地聆听内心真实的声音，了解内心的变化。独处就像一根希望的绳子，把人从泥潭中拉出来；独处的时光，给了心灵休憩的地方，让人学会安静思考，沉下心来和自己对话。

有个女人写了一本畅销书，一下子成了"名人"。此后，很多朋友都找不到她了。打电话总是关机，家里的座机也是没人接，有人说她是在故意摆架子，也有人说她是有了名利就忘了朋友。后来，终于有一天，她主动给朋友打了电话，接到电话的朋友说："你去哪儿了？是不是到国外度假了？还是采访太多档期满了？"她很神秘地告诉朋友："我哪儿也没去，我在家享受孤独。"

心灵的宁静是一笔财富。就像成名女作家一样，不让头顶上荣耀的光环把自己推向人群，面对名利她依然选择回归自我，给自己一个独处的空间。这是在生活中沉淀出的成熟，是一种冷静与极强的自我控制，最终她远离诸多纷杂与浮躁，让内心更加丰盈。

凡是有所成就的思想家，无不是在孤独中自得其乐，引发从未有过的对人生和世界的深层次思考。作为普通人，我们固然不能发现什么真理或参破什么真谛，但在孤独的锤炼下，我们至少可以让自己的灵魂得到升华，不必为人世的尔虞我诈而烦心，不必为日常的鸡毛蒜皮而皱眉，这是每一个人都可以实现的。

孤独不必非要离群索居，更不必终日把自己关在房间里，只要每天抽出一点时间静一静，把独处静思融入工作、学习之余，就可以让心灵得到休憩。实际上，我们也应该有意识地多留给自己一些时间和空间，多引导自己进行一些逻辑性的思考，逻辑思维一强，人就变得更加成熟。

找一个环境优美的地方，细细地品味孤独的魅力。也许你的心底会泛起淡淡的思念，也许你会想起几年前的一首小诗，也许你心里干干净净什么都没有想……但经过这样一场享受，相信你会像刚做了一场心灵瑜伽，心底被一种绝美的感觉填充着，久久不愿走出来。

自律的女人，
幸福迷人地位稳

不想让人小看，你就必须奋斗而挺立

> 只有做强势的女人，才能拥有强势的命运！
>
> ——苏岑

женщина在世人眼里永远是一个弱者，是需要一个依靠的。虽然男女平等的口号喊了很多年，但是仍然不能改变男权主义当道的社会现状。尤其在职场中，女性的能力往往会受到怀疑，很多人认为女性的工作能力不如男性，有的行业和岗位直接注明"只招男性"，简直是对女同胞赤裸裸的歧视。

当被贴上"弱者"的标签时，我们女性应该怎么办呢？

一个普遍现象是，很多女性在潜意识中也会把自己定位为"弱势群体"，由于有这样的主观意识存在，她们在职场中可能会降低自己的待遇要求，而且比较容易依赖别人，认为既然我们是弱势群体，理应比男人挣得少，该受到更多的关注和照顾。可在今天竞争激烈的职场上，女人越是如此越被人小看。

女人是弱者吗？如果你不想做弱者，那就要用事实去反驳。

先讲个寓言笑话：

一个财主遇到一个穷人，财主对穷人说："我这么有钱，你怎么不尊重我呢？"

穷人回答："你有钱和我有什么关系？我为什么要尊重你呢？"

财主说："我把我的财产分给你一半，你会尊重我吗？"

穷人回答："你把财产分给我一半，我就和你一样了，为什么要尊重你？"

谁也不是谁的谁，做自己的英雄，
且美且独立

财主又说了："那我把财产全部给你呢？"

穷人说："那我就更不会尊重你了，因为我是富人，你是穷人了。"

这虽然是一个笑话，却向人说明了一个道理：如果你想向别人证明自己，得到别人的尊重，必须拥有让人信服的条件，包括特质、素养、情操和意志等。用事实去反驳一个人，这比用言语要有力得多，能让那些轻视的目光变成敬佩。

保罗·爱伦本来是维也纳地区一名在当地很有名望的律师，但是非常不幸的是，她赶上了第二次世界大战的爆发，被迫逃到了瑞典生活。来到瑞典以后，她想要尽快找一份工作，否则就要露宿街头了。她起初依旧想做律师行业，但是很快发现这里本地的律师已经没有多少业务了。怎么办呢？由于熟练掌握好几门外语，爱伦希望能够进入一家进出口公司担任秘书的职位。

在应聘的过程中，爱伦遇见了一家让她十分气愤的公司。爱伦清楚地记得当时负责招聘的人所说的话："你对我们的生意了解太少了，完全不理解这个工作的性质，就连用瑞典文写的求职信也是漏洞百出。我们根本不需要任何替代我们写信的秘书，即便需要，也不会请你。你知道的，在这个战乱年代，女人工作顶多就是为了养家糊口罢了，而我们需要的是跟我们一起打拼的战友。"

怎么可以如此歧视女性，爱伦当时就火冒三丈，但是转念又想道："或许这个人说得有道理。我虽然也学过瑞典文，但是并不是十分熟练，可能在信中犯下错误连我自己都没有意识到。我也是养家糊口，对这份工作没有足够的认真对待，我还要继续努力。"于是，爱伦换了一个笑脸说："谢谢您在百忙之中抽时间来接待我，并且相当诚恳地指出了我的不足和缺陷。由于个人原因，我并不知道我的信上有那么多的文法错误，我觉得很惭愧。但是我打算继续学习瑞典文，直到我能写出一封准确无误的求职信。"

大概半个月以后，这家公司收到了爱伦新的求职信。在这封信里看不到一处文法错误，并且对这家公司的业务提出了一些基本的看法，最重要的是她还提出了如何将战乱对业务的影响降到最低。这家公司负责招聘的人对爱伦的进步感到十分吃惊，而且也看到了，这是一个很有能力的人。于是，爱伦很快就来这家公司上班了。

当爱伦被招聘人员轻视的时候，她没有觉得自己就是能力不好，而是选择了继续努力奋斗，相信自己最终能够解决问题，当然最终她也取得了很好的成绩。

世界上有男人和女人，但又根据其各自的生活层次、教育背景的不同被分为各不相同的社会群体。不同的人在职场中的发展、境遇不能一概以性别而论。假如我们留心一下便会发现，女性在很多职业领域的发展比男性要好，譬如在基础教育、幼教、护理等方面，因为女性的优势远远超过男性。

女性比较善于沟通，有耐心，善于表达，善解人意，有亲和力。职业女性在职场关系协调中更加细致。一般来说，女性善于沟通，沟通能力较强，善于与周围的人交流和表达，也容易获得理解和支持，亲和力好，人缘好。

女性天生敏感，对信息的捕捉能力强，对周围的环境变化有很强的直觉。正是这种敏感力，女性在媒体、信息等领域或行业，有着自己独特的职业优势，也可以凭借直觉抓住一些机会，并获得意想不到的效果或结果。

女性的语言表达及文字表达能力普遍比较好，文字功底普遍有优势。在许多更需要语言表达的职业中，女性往往占有优势，比如翻译、教师、文案等。由于女性的语言表达能力、文字表达能力强，也决定了其在相关领域占有职业的优势。

女性善于关心他人，帮助他人，善于与周围同事交往。朴实、亲和是女性的职业优势。一个团队不能少了女性，男女搭配，干活不累。团队中有了女性的存在，这个团队会更有拼劲，有干劲，有力量。

……

女人绝对不是弱者，尽情展现你的才华，向世界证明自己，赢得众人的喝彩吧。

从现在开始，制订一个理财计划

> 你不理财，财不理你！
>
> ——佚名

每个女人都想成为会赚钱的聪明女人，不用看谁的脸色来决定自己买几个包包，几件衣服，每个月进几次美容院。的确，无论你身处何处，职场或家庭，只有掌握经济大权的人，才可能拥有话语权。但问题是，赚钱这种能力并不是每个人都能拥有的，很多时候不管你付出多少努力，到手的钱就是那么点。

是的，这就是现实，令人悲伤、失望、不公平的现实。但有的时候你必须面对，也必须承认，你确实不是那种会赚钱的聪明女人。但也不必发愁，只要你有意识地主动开始学习理财，那么就能够拉近你与财富之间的距离，帮助你成为精明的"小富婆"，优雅从容地度过生命每一个阶段。

罗敏和秦菲菲是大学同学，罗敏漂亮时尚，聪明外向，在大学时就是有名的风云人物，活跃在各个社团和学生会里。秦菲菲则低调内向，大学四年下来，认识的人恐怕一只手就能数过来。毕业之后，罗敏顺利进入一家世界五百强企业，并很快从一名普通小职员晋升为部门主管，年薪几十万，令人羡慕不已。秦菲菲呢，只是进了一家很普通的公司，每个月薪水也就几千块，和大多数同学一样，并没有什么太令人羡慕的好运气。

8年之后，在参加校庆的聚会上，大家又聚在了一起，谈起了各自毕业之后的生活。光鲜亮丽的罗敏依然是众人的焦点，如今的她已然成了人人羡慕的职场"白骨精"。而秦菲菲呢，依旧和从前一样，一副安静朴素的样子。可一说到房子、存款之类的事情时，大家都震惊了，收入颇高的罗敏除了买下两套房子之外，几乎没有任何存款，每月还得还房贷，而秦菲菲却已经是个身家百万的小富婆了！毕业后境遇天差地别的两人，却在财富值上几乎打了个平手，真是令人意外啊！

在大家的起哄声中，罗敏无奈地一摊手，说道："我虽然赚得多，可应酬也多啊。再说了，我是部门主管，平日里请客吃饭少不了吧。薪水和业绩是挂钩的，为了打拼事业，增强自己的竞争力，每个月光是花在衣服、美容上的开销就不小呢！再说了，工作那么忙，我哪有时间去计划怎么花钱，怎么理财啊？"秦菲菲则腼腆地笑道："我赚得不多，工作也不像罗敏那么忙，所以我把更多的时间都放到投资理财上了。我每个月都会坚持存一部分钱，然后投入理财产品，有的理财产品回报率很不错的。后来我看房产市场比较好，就跟家里借了些钱买房子，现在也升值不少……"

罗敏俨然就是人们所羡慕的那种会赚钱的聪明女人，天生丽质，头脑灵活，能力出众。但月入上万的她所积攒下的财富，却远远不如预期的那样可观，原因其实很简单——她不懂得管理自己的资产。生活中像罗敏这样的人不在少数，赚得多，花得却也不少。她们总以为，只要自己能赚钱，不断想办法增加收入，就能成为有钱人。但现实是，这样的人往往可能因为自己收入高而忽视消费方面的控制，对金钱数额也几乎没有什么概念，永远不知道自己赚来的钱到底花到哪里去了。

秦菲菲则不同，她虽然赚钱能力不强，却在资产管理上十分精明。在她手上的每一分钱，都能花在最能发挥其作用的地方。她能将有限的资源进行合理的分配，甚至做到以钱生钱，让自己的资产像滚雪球一样，越滚越大，最终享受着生活的乐趣，感受到踏踏实实的幸福。你为什么不呢？

"股神"巴菲特先生就说过这样一句话："人一生中能积累多少财富，不是取决于你能赚多少钱，而是取决于你如何投资理财。"确实如此，你不理财，财不理你。一个女人再能赚钱，如果不会理财，不懂得管理自己的资产，那么不管赚多少钱，这些钱也不会成为自己长久的财富。

只要肯付出努力，只要愿意去学习，任何女人都能成为理财高手。

节约：最简单的理财

所谓"理财"，首先你必须得有"财"，然后再来谈"理"。而想要有"财"，关键就是要会"存"，会存钱才能积累财富，你的钱袋也才能鼓起来。

凡事量入为出，要有计划地开支，购物前不要冲动，该省则省，能不买就不买，别让那些不必要的消费吸干你的钱。为此，你可以试行一段时间记录下所有开销，找出支出去向，哪些钱是不必要花的，有意识地缩减这方面的花费。如此，你不光是堵住了漏钱的缝隙，也积累了理财的基础资本。

储蓄：最稳定的理财

每一个聪明的女人，都应该及早学会用银行储蓄的方式打理自己的金钱。储蓄理财，虽然收益小，却是风险最小、最稳定的理财方式。坚持不懈地去实现你期望的短期储蓄、中期储蓄、长期储蓄目标，多年后的财富累积成效绝对会让你大吃一惊。

投资：开源式的理财

投资理财是一种开源式的理财观念，即通过对已有的财富进行合理适当的投资，以获取更高收益，这是一种让"钱生钱"的模式，投资实业、购买债券，投资股票、期货以及外汇等，都可以大胆尝试，"坐收渔翁之利"。不过，投资有风险，盈亏难料，要谨慎再谨慎，认真揣摩学习。

保险：保障性理财

保险是生命、财务安全规划的主要工具之一，是一种特殊的投资。它能够解决我们能力之外的事情，让生活更加妥帖随心，就像人们常说的："平时当存钱，有事不缺钱，投资稳赚钱，受益免税钱，破产保住钱，万一领大钱。"

在进行投保之前，你最好和全家共同规划，根据自身的特点量身定做，更要多方兼顾以求获得周全专业的保障，尽可能使你有限的资金发挥最大的效用。同时，决定购买保险时，你一定要结合家庭的具体经济状况，建议年保费支出一般不超过家庭年收入的 10%~20%。

做到了这些，财富就会细水长流、源源不断，你就拥有了走向财富殿堂的能力，也就拥有了幸福人生的保障！即使没有遇到优秀的男人，你也可以依靠自己生活得精彩，怡然自得地享受美好的生活和工作。姐妹们，赶紧行动起来，加快你的资金周转速度，让你手里的钱"活"起来吧！

> 谁也不是谁的谁，做自己的英雄，
> 且美且独立

让"幸运女神"眷顾的奥秘

> 弱者坐失良机，强者制造时机，没有时机，这是弱者最好的供词。
>
> ——佚名

狄更斯的名言："机会不会找上门来，只有人去找机会。"确实，对于每个人来讲，机会都是可遇不可求的。如果生命给了你机会，就一定要用力抓住它。

和男人比起来，女人更加谨慎，在很多时候，这是女人的优点和强项，但是受传统观念的影响，有些女人习惯被动，在机会面前容易优柔寡断，因而白白浪费了绝好的时机，只能眼巴巴地望着别人光鲜地享受称赞和掌声，心里满是羡慕和妒忌，天天等待，天天后悔，天天叹息，从而成为命运的奴隶。

俗语说"机会是等不来的"，在泰国有一个雕像很奇怪，正面看是一个非常婀娜多姿的女人，但是看不到女人的脸，到背后一看，光秃秃的，一根毛也没有。泰国人说：这是"机会女神"之像，意味着当机会来到你的面前时，我们往往看不到她的脸，也许是蓬头垢面，可当机会走了的时候，才发现是机会，但是你再去抓时却抓不到，因为后面光秃秃，一根毛也没有。

机会是什么？不是你守株待兔地等待着，兔子来了，你抓住就成功了，而是要靠自己去发现，去挖掘，去创造。著名剧作家萧伯纳曾说过一句非常富有哲理的话："人们总是把自己的现状归咎于运气，而我不相信运气。我认为，凡出人头地的人都是自己主动去寻找自己所追求目标的运气。"

李席鹃和马小芸是一对好朋友，两人拥有一个相同的职业理想，做一名电视节目主持人。大学毕业后，两人跑遍了Ａ城的每一个广播电台和电视台，但是对方的回答却是："对不起，我们只雇用有工作经验的人。"李席鹃变得焦急、苦闷，不断地祈求上天能赐给自己一个机遇，她经常对别人说："我充分相信自己在主持工作方面的才能，只要有人能给我一次上电视的机会，我相信自己准能成功。"但是她等了一年多的时间，都没有人给她提供这个机遇。

马小芸是如何做的呢？不给工作机会，怎么能获得经验呢？马小芸觉得这个要求太不合理，倔强的她开始为自己创造机遇，她仔细浏览广播电视方面的各种招聘信息，过了十几天后终于发现某县正在电视台招聘主持人的信息。该县在山区，偏远荒凉、经济落后，可是马小芸已经顾不了那么多，她想：只要能和电视沾上边儿，能让我主持节目，让我去哪里都行。马小芸这一去就是三年，在这三年的工作时间里，她积累了丰富的工作经验，主持能力也提高了不少。当她再次到市电视台应聘的时候，轻而易举就找到了一个职位，并逐渐成了一名著名的主持人。

机遇是现成的吗？是在等待你吗？像河塘里的鱼只等着你去捕捞？不是！很多时候，这里需要的是你的主动性。机会只留意那些有准备的人，只垂青那些懂得追求它的人。从李席鹃和马小芸的职业经历中，我们可以清晰地看到幸运者与不幸运者，成功者和失败者不同的生活轨迹。

因此，女人绝不能只把希望寄托在那些偶然事件上，抱着守株待兔的侥幸心理去消极地等待机会，而应该主动积极地寻找机会，自己动手创造机会。

世界电影史上最伟大的女演员之一格丽泰·嘉宝，可以说是一个特别善于抓住机会并展示自己才华的女人。

小时候的嘉宝其实是一个再平常不过的女孩，那时候她常常跑到一家剧院的附近，站在那儿用心地听演员们歌唱。有时她还会把画画用的水彩颜料涂在自己脸上，将自己装扮成一个在舞台上光彩夺目的大明星。嘉宝14岁的时候，她的父亲不幸因病去世了，留下她和母亲过着艰难的生活。为了减轻家庭的压力，嘉宝不得不放弃了学业，到一家百货商店去工作。

百货商店的帽子不畅销，老板很是苦恼，这时嘉宝突发灵感，对老板说："我们为什么不给帽子做一个广告，这样就能卖出更多的帽子了。"老板采纳了嘉宝的建议，这时嘉宝又说自己愿意当广告的女主角，为老板节省一笔费用，老板也愿意了。广告片上映之后，一个目光独到的电影导演偶然看见了嘉宝主演的帽子广告，这位导演认为嘉宝非常有表演天赋，于是找到嘉宝，建议她去一所戏剧学校学习。

就在嘉宝在戏剧学校上学的时候，瑞典知名导演斯蒂勒派人到那个戏剧学校，打算找一名年轻的女学生出演自己电影里的一个小角色。嘉宝听说了这个消息，便找到学校负责此事的老师推荐自己。经过一番选拔，嘉宝终于为自己争取到了这个机会。后来，嘉宝成为最著名的女演员之一。

从一个默默无闻的小女孩到世界著名的女演员，这个过程是需要主动争取和积极努力的。

已经过去的岁月中，你或许一直在等待机会，耗费了时光，却一直没有等到机会出现。从今天起，主动积极地去发现，去寻找机遇，请相信，你也可以被"幸运女神"眷顾。

Chapter 8

最美好的心情，不过拿得起放得下，
那个释然的瞬间

一件事，就算再美好，一旦没有结果，就不要再纠缠或留恋，因为久了你会倦，会累，也会受伤害。做一个自律的女人，懂得舍得，无非一种轮回，不做苦苦的守望，索性适时放手，抽身而退。错失了夏花绚烂，必将会走进秋叶静美。女人要拿得起放得下，让自己在变得丰盈的路上，活得越来越漂亮。

不完美是客观存在，不必怨天尤人

> 不完美才是人生。
>
> ——季羡林

每个女人都希望自己的人生是完美的，但这只是一种浪漫的憧憬与希望，真正意义上的完美并不存在。即便让上帝重新造人，也难以将所有优点都集于一个人身上；即便我们再怎么殚精竭虑，也不能将所有事情都做到尽善尽美。人人都有不足，生活总存缺憾，因而完美主义者得到的常常是失意的泪水。

在一座山上的寺庙里住着几个和尚，老住持考虑到自己年事已高，便想从弟子中找一个接班人来接替自己，但是他的弟子个个都很优秀，他也不知道如何选择。怎么办呢？经过几日思考，老住持想出了一个好办法。几天后，他就把所有的弟子都叫过来，吩咐他们去寺院后面的树林里各自找一片最完美的树叶回来。什么样的树叶是完美的？弟子们不知其理，但仍然按照住持的吩咐去做了。

来到树林，很多和尚心想，这么多的树叶到底什么样的才是完美的呢？于是，纷纷在树林里找来找去，拿起这片瞧一瞧，拿起那片比较下，有的树叶不够大，有的树叶有斑驳。结果到天黑了，众人都累得气喘吁吁，也没能找到那片"最完美的树叶"，最终都空手而归，唯有一个和尚带回一片树叶。

住持问："这片树叶是最完美的吗？"

和尚答道："这里的树叶这么多，每一片树叶又各自不同，我不知道您说的最完美的树叶是什么样的，但我认为我拣回的树叶是最完美的。您瞧，它完整无损并且很干净。"

最终，老住持宣布那个拣回树叶的弟子将成为自己的接班人。

众多和尚之所以没有找到"最完美的树叶"，其根源就在于他们没有弄明白世间根本不存在最完美事物的道理。

世界上没有十全十美的人，也没有十全十美的事。就拿男人来说吧，英俊的男人可能学历低；学历高的也许长相不尽如人意；收入高、懂得浪漫的男人或许花心；老老实实、可以让人放心的男人又比较木讷……就算真有有钱、帅、浪漫、专一又有闲情雅趣的男人，可是人家不一定会看上你啊。

什么事情都会有个度，就像水到了100℃就会沸腾，到了0℃就会结冰一样。追求完美本身无可厚非，但如果我们事事都较真，都苛求完美，那就是在和生活较劲。长此以往，心里就可能系上解不开的疙瘩，而且会系得越来越大、越来越紧。我们常说的心理疾病，就是这样在不知不觉中出现的。

我们可以接近完美，但不可能达到完美，这是一个永恒不变的事实。所以，面对不完美，与其伤感，与其懊恼，与其细究，不如控制自己的心态，放下完美的苛求，好好把握、珍惜现实给自己的。如能以一种豁达乐观的心态去面对不完美，你会更接近现实的真实，获得最踏实的幸福。

有一个女人单身了半辈子，突然在43岁那年结了婚。新郎跟她的年纪差不多，但是他以前是一个街头混混，结过两次婚，都离了。在朋友看来，觉得她挺亏的，这不是一个好的选择，因为新郎身上的瑕疵太多了。

有一天，她跟朋友出去，一边开车一边笑道："我这个人，年轻的时候就盼望着能开宝马车，可是没钱，买不起。现在呀，还是买不起，只能买辆三手车。"

她的确开的是辆老宝马车，朋友左右看看说："三手？看来很好哇！马力

> 最美好的心情，不过拿得起放得下，
> 那个释然的瞬间

也足！"

"是呀！"她大笑了起来，"旧车有什么不好？就好像我先生，之前已经做过两次别人的老公了，可那又怎样？以前他玩世不恭，但经过两次失败的婚姻，他收了心，也学会了珍惜，现在的他很懂得体贴家人，又会做一手好菜。说老实话，现在真是他最完美的时候，反而被我遇上了，我真是幸运呀！"

"你说得挺有道理的！"朋友陷入沉思。

她拍着方向盘，继续说："其实想想我自己，我又完美吗？我还不是千疮百孔，以前很娇气，还心高气傲，干过许多荒唐事，正因为这样，所以现在的我们变得成熟、懂得忍让和珍惜，这种不完美，正是一种完美啊！"

正因为这位女士能够承认自己的不完美，她才不苛求爱人的完美，结果两个有瑕疵的人才能凑到一起，组成一个幸福的家庭。从某种意义上看，人就是生活在对与错、善与恶、完美与缺陷的现实中，既然没有完美，那么何不从缺陷中受益呢？

美国前总统富兰克林·罗斯福是一个杰出的领袖，当有记者向他请教秘诀时，他曾坦然地向公众承认道："如果我的决策能够达到75%的正确率，那就达到了预期的最高标准了，我就很满意。"就像罗斯福这样，与其自己用100%的完美折磨自己，不如静下心来好好看看自己75%的实际能力。

世界顶尖高尔夫球手博比·琼斯是唯一一个赢得高尔夫"年度大满贯"（包括美国公开赛、美国业余赛、英国公开赛及英国业余赛）的人，他被称为美国高尔夫史上最优秀的业余选手。在高尔夫球员生涯的早期，博比·琼斯总是力求每一次挥杆完美无缺。当他做不到时，他就会打断球杆、破口大骂，甚至愤慨地离开球场，这种脾气使得很多球员不愿意和他一起打球，而他的球技也没有得到多少提高。

直到后来，博比·琼斯渐渐了解到，一旦打坏了一杆这一杆就算完了，但是你必须尽力去打好下一杆。静下心来，调适心态后，他才真正开始赢球。对此，他这样解释说："要对每一杆有合理的期望，而不是寄望非常完美的挥杆成就，你会发现自己的表现率良好、稳定，如此也就更容易取胜。"

不完美是人生的一部分，这是一个事实，我们越早接受这一事实，就能越早地向新目标迈进。凡事不求完美，踏踏实实，尽己所能，做到问心无愧就可以了。你会发现，你不追求出类拔萃，只是希望表现良好时，你的能力会出乎意料的好，享受到鲜花和掌声的待遇！在别人的眼中，你真的已经很完美了。

松开了拳头，也就拥有了整个世界

> 死死攥紧的时候，拳头里什么都没有。放开手，全世界都在手上了。
>
> ——何炅

佛家常说"圆满"，所谓圆满，其实就是高质量的生活。如果不能提高生命的整体质量，只在乎一城一地的得失，就无从谈圆满。人的生命是一个复合体，有许多需要去做、去感受、去思考的事情。但较男人而言，女人大多目光较为短浅，看问题比较片面，很容易因小失大，舍本求末，降低了生命质量。

秋天来了，一眼望去成熟的稻子像铺了一地金子，农民们纷纷拿上镰刀，戴上草帽，提着水瓶来到各家的稻田，准备收割希望。

这时，一个农妇却瞧见自家的稻田里，有一根稻子没熟透，还是青的，于是便又返回家了，她想再等等，等那一根稻子完全熟透了，再收割也不晚。

结果当天夜里，一场瓢泼大雨突袭，稻田大面积受淹，农妇损失严重。

为一根没熟透的稻子，损失了一大片成熟的稻田，这个故事听起来未免有些可笑，有些愚蠢。但唏嘘之后，我们可曾意识到，这样的故事其实也普遍存在于你我之间，我们总是不愿意放弃手中的一些小利益、小好处，因为害怕一旦放手，这些本来已属于自己的东西再也没有了，结果失去得更多。

人最大的愚笨有时就在于只想拥有，把得到看成了理所当然，而不知道如何放弃。我们都想抓住已经到手的东西,但是我们抓住的只是自己的贪婪而已。贪婪空虚如火,时时都在燃烧,那结局就是一堆冰冷的灰烬。因此,人生不要过于贪心,不要总握着拳头,在必要的时候要学会放手。

有选择就有放弃,选择了失去便放弃了拥有,选择了悲伤便放弃了快乐。从这个意义上来说,只有学会放弃,才能学会选择。进而,只有学会了选择才能不断拥有,只有懂得放下才能赢得新生。很多时候,有些事情你必须勇于放弃,该抽手时毫不犹豫地抽手,这样你才有可能拥有更多。

柴田和子被誉为"日本保险女神",她一年创下了804位业务员业绩总和的惊人业绩。1988年还创造了世界寿险业绩第一的奇迹,荣登吉尼斯世界纪录。此后,她更是逐年刷新纪录,至今都无人能够打破。而在踏入保险界之前,柴田和子当了四年的专职家庭主妇,后来在保险公司上班的表妹建议柴田和子出来工作,并将日本"第一生命"保险新宿支社介绍给她。外出工作意味着要放弃安稳的家庭主妇生活,而且自己是一个生性羞涩、不善交际的女人,柴田和子有些犹豫。

认真思索一番后,柴田和子认为,生活仅靠丈夫一人维持很容易陷入捉襟见肘、寅吃卯粮的赤贫状态。为了让自己和家人过上幸福的生活,她做了一个艰难的决定,告别家庭主妇的安稳生活,投入到保险公司工作中去。在以后的日子里,柴田和子努力用保险理论来武装自己,并且硬着头皮每天去拜访不同的客户,她改变自己的内向性格,热情洋溢、积极主动地面对自己的顾客。"红灯话术""猴子话术""激战话术",柴田和子成了众人眼中能说会道、舌灿莲花的能人,与此同时,收获也越来越多,业绩蒸蒸日上。

可见,一时的牺牲,并不是全盘皆输,而是赢来最终成功的可能。

对于女人来说,虽然我们无法控制生死,但我们能改变生命的质量。只要活出了高品质的人生,即使只是瞬间的生命,照样可以绽放出永恒的绚烂。也就是说，我们应该培养一种大局意识，在人生道路上，拳头握得太紧时，不妨轻轻张开。在必要的时候，要适时地牺牲较小的利益。

就比如在田野间，看着翩跹飞舞的蝴蝶，不少孩子一心只想扑上去，待费劲抓住后，小拳头只会紧紧攥住，结果弱小的生命在掌上指尖竭力挣扎，顿失美感。不明就里的孩子着急大哭，一旁的母亲会贴近孩子的耳朵，轻轻告诉他："孩子，该放手时，就放开吧。"孩子张开双手，蝴蝶优雅地振翅轻飞，孩子笑了，仅仅只是张开双手的一举，便收获了最美的风景。

即使一片树叶的枯死，也要相信秋天的活力；即使一朵红花衰败，也要相信花园的美丽；即使一掬溪水的消失，也要相信大海的澎湃……在小小的利益面前，走出不必要的执着，以一种宏观的眼光处世，坚守更深更远的目标，我们的选择就会变得多样而灵活，有一种"柳暗花明又一村"的惊喜感。

握紧拳头，你的手里是空的；伸开手掌，你就拥有全世界。

请相信，遗憾也是一种完美

> 所有的错过、遗憾、伤痛，不管能不能弥补、能不能被原谅，都随着人事变迁而成为必须面对的现实。
>
> ——席绢

遗憾，字典上的解释是不称心、大可惋惜。

相信没有哪个女人希望自己的生命中承载太多的遗憾，但这明显是一种无法达成的目标，因为世上很多事情是可遇不可求的。那些未实现的诺言，那些未出口的再见，那些未写完的诗篇，那些未牵手的恋人……此时，你是用什么态度对待遗憾？是后悔，是纠结，是痛恨，还是欣然接受？

每个女人都有各自的选择，不同的是，有些女人不放弃遗憾，困在其中，终身为遗憾所累。有些女人却会在遗憾的时候克制自己，不沮丧，不失望，细细地品味遗憾之美。

遗憾，何尝不是我们生命中的另一种美丽呢！这种美，不可复制，不妨学着欣赏。

知道林徽因和徐志摩的人，都知道那一场康桥之恋。

1920年，年仅16岁的林徽因跟随着父亲林长民到欧洲游历，在英国伦敦她与父亲的挚友、年轻才俊徐志摩相遇了。她优雅的气质以及纯真的微笑，给徐志摩一种天仙下凡的感觉。当时徐志摩年方24岁，才气逼人、风度儒雅、外貌英俊，令许多红颜佳丽倾心。而情窦初开的林徽因，又怎能做到心静如水？这个男子满足了她对异性男子所有美好的向往，她惊惶，喜爱，羞涩，愉悦。康桥，英国著名的剑桥大学所在地，这是林徽因和徐志摩爱情的生长地。他们偎依在桥头一起许下诺言，在柔波的小船上谈论诗歌……那时的林徽因当真是爱了，她本就柔软的心更加温润，她写道："深夜里听到乐声，这一定又是你的手指，轻弹着，在这深夜，稠密的悲思。我不禁颊边泛上了红……"

但是阴差阳错，命运终是没有笑对这对才子佳人。那时的徐志摩已婚，并且是两岁孩子的父亲，林徽因那般高贵，如何去嫁给一个有妇之夫。就算徐志摩为她离婚，抛弃妻子张幼仪，她一个名门闺秀，亦不愿接受这样的人生。于是，她劝徐志摩不要再想入非非："我们只能平行，不可能相交。我们只能有友谊，不能有爱情。"再后来，她与徐志摩不辞而别，毅然跟随父亲回国，将初恋连同深爱的男子丢弃在异国他乡。再后来，她跟建筑界的才子梁思成成婚了。

"我将在茫茫人海中寻访我唯一之灵魂伴侣。得之，我幸；失之，我命。"这可以说是悲情诗人徐志摩为自己短暂的一生所写下的注脚。只有灿烂的爱情而没有停泊的归宿，这份感情无疑是遗憾无比的，但也正因为诗情和激情的幻变，才孕育出了热爱"爱和自由和美"的浪漫才子徐志摩，自此林徽因成了徐志摩心中永远的完美女神，而林徽因对徐志摩则是比真正的爱情少一点点，比纯粹的友情又多一点点，两人互相关心和理解，在文学上更是经常切磋。

林徽因不是不爱徐志摩，只是她明白，浪漫的徐志摩是一个需要爱情喂养的男子，但也不能因此推卸作为一个丈夫和父亲的责任，她不想为一段无果的感情去做无谓的担当，不如在最美丽的时候转身，让彼此都记住短暂而甜蜜的美好。这是万丈红尘中的空望，也是洗却铅华的暗伤，叫人想忘不能忘。试想，如果他们真的在一起，即使能白头偕老，又何来刻骨铭心的凄婉？

自律的女人，
幸福迷人地位稳

　　凋零的花朵是遗憾的，然而它却可以融入泥土滋润万物；断翅的鸟儿是遗憾的，然而它却可以唱出动人的音符。遗憾是一粒包裹着苦涩的糖，甜蜜是它的后味。

　　苏轼，唐宋八大家之一，诗词书画均有很高的造诣，对后世影响深远，但是仕途不顺，一再被政敌排挤，几次被贬谪，还差点走上断头台。在一个中秋之夜，他喝酒舞剑，低吟着"人有悲欢离合，月有阴晴圆缺"的淡淡忧愁与无奈。可是他没有自暴自弃，而是用豪放豁达的性格看待这一切，尽情追求人生的意义与生活的乐趣。"乱石穿空，惊涛拍岸……人生如梦，一尊还酹江月"等词句，气势磅礴，格调雄浑，其境界之宏大，气魄之雄伟，一腔赤心报国、壮志难酬的感慨跃然纸上。《赤壁赋》是苏轼创作上的高峰，这一篇充满人生哲理的千古美文，就是苏轼被贬黄州时所作。

　　后来，苏轼爱上了烹饪这一行，且屡屡创新，花样百出。仅在流放黄州、惠州期间他就开发出了20多道菜肴，苏式炖肉、煮鱼等一直食用到今日，广受好评；在惠州流放期间，他还研制出一种好酒，取名为"真一酒"。

　　此外，苏轼虽然出身书香门第，不过在流放期间"无事以当贵，早寝以当富，安步以当车，晚食以当肉"的窘境下，他却能放下身段，务农自娱。比如，在黄州流放时期，他不仅不以为苦，反以为乐，率领一家老小清除断壁残垣，焚烧杂草，开荒播种，喂养家禽，实现了丰衣足食，令众人艳羡。

　　人生总有残缺，但是苏轼为这种残缺打了完美的补丁，仕途的阻碍没有成为他人生的阻碍，反而成就了他，他以另一种哲思，在中国的文学界写下了浓墨重彩的一笔，演绎了一个别样的人生，成了一个难得一见的千古大文豪、大美食家、大生活家，一个与众不同又精彩无限的苏东坡。

　　人生总有遗憾，正如不是每一道河流都能汇入大海，不是每一天都是晴空万里一样，但正是这如许的遗憾，使得我们的生活流溢着色彩，充满了浪漫。如果一个人的人生真的了无遗憾，那就只能是一条单调的直线，不会有什么起伏，也不会让人尝到酸甜苦辣的滋味，如此是多么乏味苍白。

　　人生总有遗憾，但正是这种不完美才组成一个完整的人生！因此，女性朋友们学着控制自己吧，不要再为"遗憾"而遗憾。我们唯有慢慢地品遗憾，慢慢地赏遗憾，带着微笑努力向前，才能不辜负美好的生活。

放下一枝玫瑰，身后或许是一片花海

> 时间会慢慢沉淀，有些人会在你心底慢慢模糊；学会放手，你的幸福需要自己的成全。
>
> ——几米

有人调侃说："恋爱有风险，相爱须谨慎"，也就是说一对陌生男女从相识到相知，再到相恋，最后再一起走进结婚礼堂，这是既要讲缘又要讲分的，并不是每一对有情人都能终成眷属，有缘无分的恋爱结果就是分手。当分手的事实摆在面前时，女人因感情脆弱似乎更容易受到伤害。

你很难过，很伤心，甚至很愤怒，这些情绪都是可以理解的，但是千万不要为了挽救恋情哭哭啼啼，或者愤怒咆哮，甚至不顾自己的人格尊严，死缠着对方不放。因为爱情是两个人的事，并不是像剃头挑子，一头热就行。当缘分尽了，如果太过于执着，爱变成了盲目的固执与任性，就失去了理智。

苏彤是一家独资企业的客户经理，因为工作需要，经常需要在公司加班到很晚。在此期间，交往了5年多的男朋友居然不甘寂寞，在网上认识了一个年轻漂亮的女网友，态度坚决地和苏彤提出了分手。朋友都劝苏彤，分了吧，你已经给了他5年的青春，你还有多少青春可以这样浪费？

虽然伤心欲绝，但苏彤却舍不得这5年的情分，决定原谅男友并表示只要男友保证与网友一刀两断，自己就可以原谅他的"一时冲动"。但是男友去意已决，于是苏彤不停地打电话，质问前男友为什么感情说断就断，自己到底哪里做得不好，那个女人到底有什么好……后来，还声称自己活不下去了，想要自杀。结果，对方不仅没有任何怜惜之情，而且手机号、QQ 号等都更换了，不再露面。

这下，苏彤更无法接受了，她开始变得不平、愤懑、幽怨，她有时会自卑地问朋友们："难道我真的不够好，不够年轻漂亮？"为了排解郁闷的心情，她有时会去酒吧喝个通宵，有时在街上又会突然大哭不止，把路人吓一大跳。苏彤心情很不好，工作也干不好，她觉得自己的人生一团糟！

一段感情的结束，不代表失去一切，何必自此失去了快乐，失去了幸福，在最好的花样年华里把自己折磨得如此不堪呢？

放下一枝玫瑰，身后或许是一片花海。爱的时候要放开去爱，但当缘尽的时候，与其死守着那份不属于自己的爱情，折磨自己的同时，阻断追求爱情的路，不如大度地放开手，只求一切随心随缘，让一切顺其自然。舍得放爱一条生路，放对方一条生路，才能给自己一次寻找真爱的机会。

幸福不在远方，

开一扇窗许下愿望，

你会感受爱，感受恨，感受原谅。

生命总不会只充满悲伤，

他走了带不走你的天堂，

风干后只留下彩虹泪光，

他走了你可以把梦留下，

总会有个地方等待爱飞翔。

这是一首名为《lydia》的歌曲，是啊，他走了就走了，带不走你的天堂。相信天堂在自己的手上，相信自己会幸福，试着重新让梦飞翔，你的生活才有可能依然精彩，这才是对自己的善待。重新开始自己的生活，并且活得更美好、更滋润，相信你一定会成为让所有人都肯定和欣赏的魅力女人!

  没有哭哭啼啼，畏畏缩缩，而是通过强大的自律能力，让自己爱得起恨得起，拿得起放得下，努力让自己过得更好。这样的女人不但光彩照人、落落大方，而且还有一股高贵凛然的气息，男人怎能不为她沉醉？于是更美好的情感便会主动走过来。

没有放下，哪有新生；没有舍弃，哪有得到

> 舍得舍得，有舍才能有得，小舍小得，大舍大得，难舍难得，不舍不得。
>
> ——佚名

在前进的道路上，我们选定了自己的目标，不懈坚持是一种认真执着的精神，这种精神对于实现自己的目标是必不可少的。但是，生活中很多事情是不以人的意志为转移的，如果我们一味地坚持，刻意地执着，不懂得变通，不懂得放手，那么就变为一种盲目的固执与任性，有失理智了。

在大西洋中有一种鱼，长得极为漂亮，银肤燕尾大眼睛。因为平时都生活在深海之中，所以不易被人捉到。但是它们会在春夏交替时逆流产卵，会顺着海潮漂流到浅海。这时候，它们极易被渔民捕到。捕捉它们的方法很简单：用一个孔目粗疏的竹帘，下端系上铁，放入水中，由两个小艇托着。这种鱼的"个性"极为要强，不爱转弯，即便是闯入罗网之中也不会停止向前游。所以，一只只便会"前赴后继"地陷入竹帘孔中，帘孔随之也会紧缩。竹帘缩得愈紧，它们就愈激怒，会更加拼命地往前冲。结果却被牢牢地卡死，最终成群结队地被渔民所捕获。

一般来说，每一个女性的内心都有些固执的任性，它可能是一出生便跟随着我们的，也可能是后天环境塑造的。例如，死守着一份不属于自己的爱情，

自律的女人，
幸福迷人地位稳

坚持做一份不适合自己的工作……即便碰得头破血流也不肯放弃，永远解不开心结，结果使自己身陷泥潭，不能自拔。

环环是某重点大学的高才生，毕业后她进入一家软件公司做程序员，但很快就被磨得没有了以前的锐气，取而代之的是一副怨天尤人、不堪重负的样子。在所有的抱怨中，她提得最多的就是自己当初进错了行业，程序员工作枯燥，经常加班，压力大，自己并不具备优势。

当别人问她为什么不尝试着去换工作，环环却说，我当初上大学就是学的这个专业，付出了那么多，现在放弃这份工作，换个行业，再从零做起，觉得亏。"放弃了，以前所付出的努力不就都白干了吗？"同时，她还有这样的疑虑："放弃了，再做别的，就一定能成功吗？"所以她继续选择了等待。

而环环好几位非常熟悉的朋友，在经过多方考虑后，就果断地转行，从零起步，现在已是大有所为。例如，环环的一位大学同学，5年前辞去了一份收入不菲的工作，然后开始创业，如今企业资产已经数千万。而环环的坚持依然没有进展，眼里满是"何必当初"的绝望。

由此可见，当你在一条路上毫无头绪，一错再错，一跌再跌时，就根本没有再坚持下去的必要了，应该放下。看不到希望的路，不值得你付出努力。没有放下，哪有新生；没有舍弃，哪有得到！能找到自己的位置，适时调整方向的女人是生存的智者。既能坚持又能放弃的女人，具有非凡境界。

当然，放弃自己的坚持，寻找新的出路，怎么说都不是一件简单的事。这需要我们有断臂割肉的勇气，需要我们有"急转身"的底气。

琳达从小就是个手工艺品爱好者，她在读小学的时候就会采集各种各样的鲜花做成造型独特的书签，这些书签用干花配着毛线、原木、彩纸等东西，拿在手里是种享受，就连老师都会托琳达帮她们做书签。长大以后，琳达的爱好一发不可收拾，她既能用毛线织各种各样的衣服，又能将布匹裁剪成窗帘、床单、桌布，并自己绣花。她还能用泥巴、铁丝、陶土等做手工艺品，她在这些创作中得到了极大的满足。

琳达十几岁的时候，开始面临升学压力，父母给她分析：如果琳达继续把时间都用在手工艺品上荒废学业，她今后就要吃这碗饭。但是，在他们生活的小镇，没有人愿意花钱去买手工制品，如果琳达想要开一家网店，也不能制造大批量货物，不能赚足够的钱养活自己。父母让琳达慎重考虑未来的计划。经过思考，琳达承认她的爱好只能作为业余爱好，只有在自己有了正式稳定的工作后，才能继续发展。所以，琳达保留了她经常构图的本子，把多数时间用在考试和复习上。

琳达的经历我们看着并不陌生，每个人都经历过类似的情况：为了现实的某种需要，不得不把自己的爱好放在一边。想到今后再也不能全心全意地做自己喜欢的事，心里的滋味自然不会好受，不过，放弃怕什么？它又不意味着失去。现在放下，并不意味着一辈子都放下，等到琳达考上好学校，找到好工作，她仍然可以用业余时间做她喜欢的手工活，那个时候，也许她的心态更加轻松，做出的东西也能加入更多的想法，岂不更好？

为此，我们应该学一学水的智慧。你看，河流行经之地总有各种阻隔，高山、峻岭、沟壑、峭壁，但是水到了它们跟前，并不是一味地一头冲过去，而是很快调整方向，避开一道道障碍，重新开创一条路。正因为此，它最终抵达了遥远的大海，也缔造了蜿蜒曲折、百转迂回的自然美。

有时，放弃代表着新的开始，走向生命开阔之处，成就整个人生的圆融。

和过去说再见，生活会回赠你一个新开始

> 学会放弃，拽得越紧，痛苦的是自己。
>
> ——佚名

一个青年背着一个大包裹千里迢迢跑来找一位高智慧的大师，他说："大师，我是那样的执着、坚强，长期跋涉的辛苦和疲惫难不住我，各种考验也没有吓到我。但是，为什么我总是找不到心中的阳光，感到孤独、痛苦和寂寞？"

大师问："你的大包裹里装的是什么？"

青年回答："它对我太重要了。里面是我每一次跌倒时的痛苦，每一次受伤后的哭泣，每一次孤寂时的烦恼……靠了它，我才有勇气走到您这里来。"

智者听完青年的话，安详地问道："每次过河之后，你是不是要扛着船赶路？"

年轻人有些不明白地问："扛船赶路？它那么沉，我扛得动吗？"

智者微微一笑，说："过河时船是有用的，但过了河就要放下船赶路，否则它会变成我们的包袱，生命一旦负重太过，生活自然就会变得沉重不堪。"

年轻人顿悟，他放下包袱，顿觉心里像扔掉一块石头一样轻松，他发觉自己的步子变得轻松起来，比以前快得多了。

昨日的痛苦、孤独、寂寞、灾难、眼泪，这些对人生都是有用的，它能使生命得到升华，但须臾不忘，就成了人生的包袱，尤其对于感性一些的女性来

说就更是如此。现实生活中，你是否犯过这种愚蠢的错误，太在意昨日的事，使"今天"完全被对昨日行为的感觉所霸占，如后悔当年没听父母的话，累倒了父母；内疚太专注于工作，以致疏于照料孩子，或者自责当初没有好好工作，导致……

一个真正聪明的女性，是不会被过去影响到现在的情绪的，因为她们知道昨日的事情已经成为历史，失去的、错过的再也不可能回来了，自己需要面对的是现在，是未来。所以，唯一能做的就是汲取过去那些有意义的成分，让过去的事情变得有价值，最终让自己活得更加漂亮。

爱伦从小生长环境相当糟糕，父亲平时总是酗酒，母亲脾气暴躁，时常痛打她。在学校里，她也备受同学的轻视嘲笑。脱离原生长家庭后，她中学还没毕业就选择了退学，想要独立谋生，却赶上经济不景气，找不到工作；她努力找机会做生意，却在高额负债下苦苦挣扎。她为了挣点钱在街头摆摊，又遭到了街头混混的暴打……单看爱伦的前半生，可以说她很惨。不过，若以为经历过那样惨痛生活的人，就要常年甚至一辈子在痛苦里徘徊，走不出过去的阴影，那只能说明，我们之前的一些看法过于局限和狭隘了。

22岁那年，爱伦遇到了生命中最重要的人。即便心心相印真心相爱，他们的交往也并非一帆风顺，一样会有争执、有猜疑。那会儿，爱伦不堪回首的童年往事，在心里多少还是留下了些印记。面对真情时，她不自信、自我怀疑，以为自己不配遇到对的人，遇到真爱，两个人更不可能甜蜜到老。对爱伦来说，其实也就是简简单单的两个选择：或者沉沦在过去的阴影中不能自拔，或者快乐地走向未来，去创造理想的未来。好在光明和希望既已出现在眼前，就绝非旧日阴影能遮挡得住了。即便两人有过负气，短暂分开，爱伦在犹疑退缩之后，所有顿悟："生活不是关于过去，是关于快乐地到达未来。只要能放得下，即便经历过再多的阴影与折磨，也丝毫不会损及你的未来。"就这样，一路饱受摧残的爱伦，终于鼓足勇气接受了爱情，赢得了真爱。一个人的过去如何，并不代表将来的你。

过去的经历，眼下已经不复存在了，那和昨夜做的一场噩梦一样。当噩梦醒来，是阳光照耀的清晨，眼下光明仍在，是活生生的现实，远比昨夜是做了一场美梦还是噩梦重要得多。只要现在的你安然无恙，内心平静，之前梦里栩栩如生的那些故事、情节、受过的惊吓、受到的伤害，便不足以造成任何后果。放下过去的阴影，像从一场梦中醒来一样，就是你要做的。

因此，如果我们足够爱自己，就应该学会克制自己。无论是过去的失意愁苦，还是过去的甜美回忆，我们不一定非要遗忘，但也不能让它成为负担。我们需要放下过去，才能轻装上阵，创造未来。

英国前首相劳合·乔治有一个习惯——随手关上身后的门里。有一天，乔治和朋友在院子里散步，他们每经过一扇门，乔治总是随手把门关上。

"你有必要把这些门关上吗？"朋友很是纳闷。

"哦，当然有这个必要。"乔治笑着说，"我的一生都关在我身后的门里。你知道，这是必须做的事。当你把门关上时，过去的一切都将留在门的另一边，不管是美好的成就，还是让人懊恼的失败，都被关上了，这样，你又可以重新开始。"

乔治正是凭着这种精神一步一步走向了成功，最终顺利地登上了英国首相的位置。假如乔治没有这样做，也许他的生活将会变得很凌乱，繁忙的公务、照顾子女等事情都在他的身后，一转身就看到了，那么他也不会有现在的成就了。所以我们要关上身后的门，把每一天都当成一个新起点。

正如爱默生所说：你应该爱今天；昨日不能唤回来，明日还不实在；你能确有把握的，只有今日的今天。那么，今天就为你的"旧包袱"举行一场葬礼，旧的恐惧、旧的束缚，那些无用的旧创伤、旧衣物等，就让它们去吧！丢弃是为了放下包袱，轻装前进，你必然会迎来一次新的解放！

是的，放下是多么重要的事情，放下能让我们产生美好的感觉，放下能让我们的生命迈向一个全新的阶段。当我们放下时，就会留下很多的空间，那些新的、真实的事物就会填满这些空间。我们的生命将会有更多的可能性，新的目标和创造力会随之出现，我们的人生将会变得成功和丰盛。

糊涂做得好，胜过百倍聪明

> 一个人要获得幸福，就必须既不太聪明，也不太傻。这种介于聪明和傻之间的状态叫作生活的智慧。
>
> ——周国平

"扬州八怪"之一的郑板桥说过，聪明难，糊涂难，由聪明到糊涂更难，于是发出了"难得糊涂"的感慨。这里的"糊涂"并非指是非不分，而是一种聪明升华之后的糊涂。女人懂得了糊涂的艺术，就拥有了一种大度的涵养，适时地糊涂也就成了一种心中有数、以退为进的处世智慧。

世界都是有两面性的，其实错就是对，对就是错，只要心中明净，表面糊涂又有何妨呢？就说打靶，不把一只眼睛闭上，即使是神枪手，也不会正中靶心；不把一只眼睛闭上，又如使用显微镜观察物体，能看得清显微镜下的东西吗？对无关紧要的事网开一面，那么我们就能在人情世故中游刃有余地行走。

1797年，年轻的拿破仑·波拿巴将军在意大利战场取得全胜，凯旋，他在巴黎社交界身价倍增，也成为众多贵妇追逐青睐的对象。尽管拿破仑对此并不热衷，可是总有一些人紧追不放，纠缠不休。比如，当时的才女、文学家斯达尔夫人，几个月来一直在给拿破仑写信，想结识这位风云人物。

在一次舞会上，斯达尔夫人头上缠着宽大的包头布，手上拿着桂枝，穿过人群，迎着拿破仑走来。拿破仑实在无法避开，说："应该把桂枝留给缪斯（即文艺之神）。"斯达尔夫人认为这是一句俏皮话并不感到尴尬，而是追问拿破仑最喜欢的女人是谁。拿破仑出于礼貌并没有采取直接拒绝的方式，也没有用"反正不是你"等词语回应，而是采用了答非所问、顾左右而言他的拒绝方式来答复对方。

"将军，您最喜欢的女人是谁呢？"

"我的妻子。"

"这太简单了，您最器重的女人是谁呢？"

"是最会料理家务的女人。"

"这我想到了，那么您认为谁是女中豪杰呢？"

"是孩子生得最多的女人，夫人。"

接着，拿破仑话锋一转："今天的葡萄酒真不错。"

斯达尔夫人："你很喜欢这种葡萄酒吗？那我们来喝两杯。"

"外面好像下雨了，"拿破仑望着外面，心不在焉地说。

斯达尔夫人也看了看窗外，"哦？将军，你喜欢下雨吗？我也很喜欢这样的天气。"

"对不起，斯达尔夫人。我想，我的妻子应该在给孩子们做饭了吧。"拿破仑继续说道。

这样一问一答，愈谈愈没趣，斯达尔夫人脸色不好看了，她知道了拿破仑并不喜欢自己，于是只好扭着腰肢走开了，也不再给拿破仑写信了。

在这里，拿破仑运用装糊涂的智慧，答非所问、顾左右而言他，让斯达尔夫人知道自己并不喜欢她，奉劝对方好自为之。这样既能够保住对方的面子，又巧妙地达到了拒绝的目的，这真是高明极了。

女性朋友们聚在一起交流的时候，往往都离不开谈论感情和婚姻的事。其实，"难得糊涂"正是维护感情和婚姻的法宝，它能使婚姻稳定，使爱情长久。

自律的女人，
幸福迷人地位稳

不妨看看那些感情生活不幸福的女性，她们往往仗着良好的洞察力和女人天生的"第六感"来对丈夫"严加管教"。当感觉到丈夫有隐瞒时，她会刻意去调查对方的秘密，让自己生活在一个猜疑、痛苦、矛盾的圈子里；对方不小心伤害自己的时候，就一味地抱怨对方的不是，甚至口不择言，出口伤人。丈夫向她许诺："户口问题很快就解决了。"她第二天就跑到丈夫的单位"调查"，然后冷嘲热讽地说："你别抱幻想了，这次转户口根本没你的名额！"丈夫答应带她去外地旅游，她泼冷水道："你赚的钱不吃不喝攒一年也不够我们俩去一次的费用"……这样的女人可能精明强干，但是她们缺少了一点糊涂的可爱，缺少了一点糊涂的浪漫。

女人天性爱较真，要做到睁一只眼闭一只眼确实不易，这不仅需要我们有一定的修养，还需要有一定的自律。能够做到这一点的女人，可谓是活出了极致。这样的女人不仅拥有幸福的能力，而且还常常有所建树，能赢得更多人的欣赏。

工作中适当地糊涂，融洽了同事之间的关系；婚姻中适当地糊涂，品尝到的是爱情的甜蜜；朋友相处适当地糊涂，才能感受到友情的真诚；和家人相处适当地糊涂，才能体味亲情的温馨……

年逾七旬的退休工人刘阿姨有4个儿子，老少三代十多口人同住在一个大院子里，时间久了难免有各种是非。可是，令人不解的是，刘阿姨总是笑眯眯乐呵呵的，整天到退休职工俱乐部和公园与老伙伴们一起聊天跳舞，逍遥自在。当伙伴们问家里那么多人，那么多事，操心不操心时，刘阿姨笑着回答："操心不操心关键在自己，我有一个让自己不操心的诀窍，就是'假癫不痴'。不能事事认真，可管可不管的事，我一概不管。孩子们在我面前讲的那些你长我短的话，我都装作没听见，只当耳旁风。"正是这种假癫不痴的做法，使刘阿姨少生了许多烦恼，得以健康长寿。

糊涂做得好，胜过百倍聪明。当然，做个"糊涂女人"也绝非让女人事事糊涂、处处糊涂。俗话说"大事要清楚，小事要糊涂"，即指对原则性问题要清楚，处理起来要有准则，而对生活中的一些小事，则不必认真计较。

人生路还长，你得学会原谅自己

> 改变态度，便能改变生活。
>
> ——萨克雷

人非圣贤，孰能无过，在生活的道路上，每一个女性都难免会犯下这样或那样的错误。当犯下错误并付出沉重代价时，你可不可以原谅自己，和自己握手言和呢？事实上，很多女人在犯错之后，都会对自己耿耿于怀，迟迟不肯原谅自己，甚至无比憎恨、无比痛苦地对自己说："我永远无法原谅自己。"

假如一个女性不懂得自我宽恕，而是一直责备或苛求自己，只会加深自己的痛苦，恐怕自己身边的任何人——你的配偶，你的孩子，你的父母，你的朋友，甚至你的小狗都会对你的痛苦感同身受。

虽然进入公司刚刚一年，但 Susan 的优秀表现大家有目共睹，领导也很器重她，这次更是让她负责一个重要的企划案，还透露说如果这次企划案能赢得客户的认可，她将有可能被调到更重要的职务。对 Susan 来说，这是个千载难逢的机会。她暗下决心一定要做出成绩来，那段时间里她每天都熬夜准备这份企划案，一日三餐都顾不上。本来已经准备就绪了，可谁知到了会议的那天，由于过度紧张，身体透支，Susan 的脑子一片混乱，发言时词不达意，还老是说错话，几次中断。会议结果可想而知……

看到领导失望的表情，Susan 懊恼不已，她不能原谅自己，再没有心情做工作了，以致工作中又出现了几次小失误。她对自己更加不满，甚至对工作失去了当初的信心，觉得自己不适合这个工作，最后无奈地递交了辞呈。回到家，Susan又开始了自我惩罚，不是经常不吃饭，就是暴饮暴食，或者拼命地喝酒。有时干脆将自己关在房门里整日哭泣不已，也曾几度想离世而去……看到她这个样子，家人也颇为担忧和烦恼。

企划案的失利固然令人遗憾，但是Susan对此耿耿于怀，始终不肯原谅自己，结果导致心情过于糟糕，影响到了自己正常的工作和生活。这也启示我们，原谅这种高尚的情感，不仅仅只针对他人，其实也针对我们自己。我们也要学会宽容自己，把自己的思想和身体从羞愧和内疚中解放出来。

也许，你会认为有别人原谅我们就够了，但是别人的宽容只不过为一颗受伤的心带来一丝慰藉，自我的宽容则是一种发自内心的善待自己，爱自己。真正从心底里原谅自己，才能使这颗心迅速地恢复往日的活力，获取到前进的勇气和力量，进而朝气蓬勃地投入到新的生活和事业中！

他英俊潇洒，年轻有为，令潇潇一见倾心，遂在心里暗暗发誓，今生非这个男人不嫁。朋友都替潇潇捏了把汗，便向她揭那个男人的底，说他曾经如何如何花心，还列了一串被他花心过的名单，但潇潇却不以为然："以前他花心是因为没有遇到真正喜欢的人，遇上我之后他就不一样了。"俗话说"男追女隔层山，女追男隔层纸"，潇潇终于如愿以偿，与对方火速"闪婚"，两个人看起来幸福而甜蜜。但是这种生活只维持了一年多，男人原形毕露，继续拈花惹草，甚至和潇潇提出了离婚。

那段时间里，潇潇始终没能走出婚变的阴影，整日以泪洗面，懊恼不已，怨恨自己当初不听从大家的劝说，后悔和他有过所谓的爱情，如果那也算是爱情的话。后来，在家人和朋友帮助下，潇潇意识到不能原谅自己只会让自己更痛苦。潇潇想对自己好一点，她去了美发店，将多年的一头长发剪成了干净利落又时尚的短发，又去商场购买了几款适合自己肤质的化妆品，最后还特意去买了漂亮的衣服和鞋。精心打扮了一番，看着镜中漂亮的自己，潇潇的生命仿佛注入了新的活力，心情顿时愉快了很多，婚变的打击也没有那么让人难受了。"错了就错了吧，人的一生中，总会遇到那么几个人渣。"潇潇有信心把握好下一段婚姻，找到生活中心和幸福……

潇潇之所以能够重新获得快乐感，直面婚变的打击，生命注入新活力，正是因为她意识到不原谅自己只会更痛苦，于是调整自己的心态，不再揪着找错结婚对象的错误不放，如此内心活动的范围扩大了，自然就不再沉浸在自责和后悔中了。

还是那句老话，"人非圣贤，孰能无过"，不管发生了什么样的错误，惩罚并不是最好的解决方法。而原谅是我们能做到的调整自我的最好方法，我们应该原谅自我的恐惧、生气、脆弱，以及不管之前如何自责等。同时，也应该相信："虽然我会犯错，但并不代表我一无是处。即使别人对我的错误无法容忍，也不代表我没有任何希望，只是说明我需要改正罢了。"

这个世界上，有太多的女人期盼自己能成为一个出类拔萃的女性。当我们学会原谅自己，尽可能地宠爱自己，不再自我虐待、自我惩罚，用宽松的心态去面对身边的人或事时，我们的心就会保持微笑，理性地面对现实，让自己拥有一个健康的身心，才能永远怡然自得，从而不断提高和完善自己。

例如，在美国电影《泰坦尼克号》中，杰克和露丝原本可以共同存活下来并幸福地生活在一起，一切只需要露丝朝漂浮的门板上稍稍偏移一点就可以实现，但已经被吓坏了的露丝却不敢动一下。结果是，杰克把生存的机会让给了露丝。值得庆幸的是，露丝获救以后，没有沉浸在自责和悔恨之中不可自拔，而是非常珍惜自己的人生，她把杰克藏在了心里，然后正常地结婚生子，正常地享受人生，尽自己所能过上好日子。她清楚，唯有这样才算不辜负杰克。

> 最美好的心情，不过拿得起放得下，
> 那个释然的瞬间

原谅自己，在错误中学会自珍自爱；

原谅自己，在夹缝中找到生存希望；

原谅自己，快乐便将始终相伴同行！

人生路还长，开心地生活，便是最美的活法。

别让自己的心坐牢，比什么都重要

> 每颗心都需要爱，需要高尚、大方，需要理解。
> ——《放牛班的春天》

爱与恨的对立，恩与仇的交错，最容易让感情相对脆弱的女人失去理智。于女人而言，仇恨是痛苦的根源，是让痛苦更痛苦的毒药。它就像鸦片，一旦开始就欲罢不能，你感觉到了它的沉重，想甩掉，可是这个时候已经上瘾，直到再也承受不住。

《神雕侠侣》是一部经典的武侠巨著，杨过和小龙女神话般的爱情感动了众多人，而剧中最早出现的人物是杨过的师伯、小龙女的师姐李莫愁。李莫愁少女时代是一个温柔多情的女子，她倾心于无意闯入古墓的陆展元，并不顾男女之嫌为其疗伤，本想与陆展元共浴爱河，却没想到陆展元之后移情别恋，娶了另一位女子为妻，于是李莫愁便怀恨在心，处心积虑地想为自己的情感讨回个公道。

为了杀死负心汉以解心头之恨，李莫愁离开古墓，背叛师门，大开杀戒，她恶毒，残酷，杀人不眨眼，不仅杀了陆展元全家，而且还杀害了很多无辜的人，双手沾满了鲜血。在别人眼里她就是一个"魔女"，谁见到她都被吓得两腿发抖。最终，李莫愁在绝情谷中被万千情花刺中，跃进火海才得以解脱。

李莫愁是一个被恨毁了的女人，她从一个柔情似水的窈窕淑女，变成了杀人不眨眼的冷血魔鬼，花样的年华在仇恨与报复中虚度，她失去了一切，她的青春，她的快乐，她的感情，她的人性，她的生命……恨，没有给她带来任何好的东西。

还有一个著名的例子。

美国著名的建筑大王凯迪和飞机大王克拉奇感情很好，凯迪有一个十分漂亮的女儿，而克拉奇有个年轻有为的儿子，他们为了让关系继续延续下去，于是不顾子女的强烈反对，撮合他们成婚。这两个年轻人的感情不好，经常吵架。后来，凯迪的女儿不幸惨遭杀害，而据警方详细调查后，搜集的证据都指向克拉奇的儿子。经过审判，法院判决克拉奇的儿子谋杀罪名成立，被判终身监禁。令凯迪一家较为恼火的是，克拉奇的儿子在事实面前不承认是自己杀害了妻子，而克拉奇也极力地为儿子的罪行拼命奔走上诉，又不惜重金为凯迪一家做经济补偿，以求得凯迪能到监狱去为儿子说情。而凯迪一想到自己惨死的女儿，就犹如一把钢刀插进心窝，疼痛难忍，痛斥克拉奇的儿子是罪有应得，埋怨自己当初怎么就看错了人，这令克拉奇很是恼火。

自此，凯迪和克拉奇从秦晋之好变为了敌人，仇恨无情地笼罩在这两个名门望族，他们的内心得不到片刻的平静，再也没有真正地快乐过。他们明争暗斗多年，双方都损失惨重。就这样痛苦折磨了他们一年又一年。最后，直到20年后事情才真相大白，凯迪女儿的死根本就和克拉奇的儿子无关。这件事在美国激起了轩然大波。面对记者的采访，凯迪与克拉奇不约而同都说了同样的话："20多年来，我们所受的心灵上的折磨是用任何金钱都支付不起的！"

仇恨让两个本来很要好的朋友成为敌人厮杀了20余年，不知他们的多少黑发变白发，也不知道仇恨夺走了多少属于他们的快乐，人的一生又有几个20年呢？这严重地摧残了我们的心灵，的确是用任何财富都支付不起的。对于仇恨念念不忘，摧残的是自己的心灵，不会带来任何好处。

既然如此，我们何必固执地抱着仇恨，让仇恨折磨自己，也折磨他人呢？消除仇恨并不需要刻意地复杂而为，只要我们能够拿得起放得下，学会放下心中的怨恨，那么仇恨自然也就没有容身之处了。有一句话是这样说的："我们的心如同一个容器，当爱越来越多的时候，仇恨就会被挤出去。"

恰在这一点上，南非前总统曼德拉要比许多人聪明得多。

曼德拉是南非的民族英雄，在被白人政府关押了27年之后出狱。1994年5月9日，曼德拉正式被国会选为总统，在宣誓就任总统的典礼上，他邀请了曾经看守他的3名狱警作为客人来参加典礼，并亲自向他们致敬！此时，整个现场乃至世界都安静无声。毫无疑问，曼德拉的这一举动把人们惊呆了！因为谁都知道，这3名狱警在狱中不仅没有友好地对待他、照顾他，甚至还曾经想方设法地虐待过他。

这一切，难道曼德拉都不记得了吗？在大家疑惑不解的目光中，这个饱经沧桑的老人发出了这样的感慨："当我走出囚室，迈过通往自由的监狱大门时，我已经清楚，如果自己不能把仇恨留在身后，那么我其实仍在狱中，生命将永远得不到解脱。别让自己的心坐牢，这比什么都重要。"

曼德拉这一句深深的感慨，值得我们深思。

在这个世界上，我们各自走着自己的生命之路，纷纷扰扰，难免有碰撞，如果冤冤相报，那么怨恨就会越来越大，内心美好的感受就会越来越少了。学会放下仇恨，大度地原谅他人，才是获得一份平和心态的重要条件。如果一个女人连仇恨都可以放下，那么还有什么不能放下的呢？

宽容仇人是对自己的解放，不要让自己的心坐牢，才算是真正的自由。